松弛感育儿

我做够了牺牲式父母

[波] 雅努什·科扎克 ◎ 著

黄宇鑫 ◎ 译

应急管理出版社

· 北京 ·

图书在版编目（CIP）数据

松弛感育儿：我做够了牺牲式父母 /（波）雅努什·科扎克著；黄宇鑫译. -- 北京：应急管理出版社，2025. -- ISBN 978-7-5237-1159-0

Ⅰ．G78

中国国家版本馆 CIP 数据核字第 2025QQ2102 号

松弛感育儿　我做够了牺牲式父母

著　　者	（波）雅努什·科扎克
译　　者	黄宇鑫
责任编辑	姜　婷
封面设计	末末美书
出版发行	应急管理出版社（北京市朝阳区芍药居 35 号　100029）
电　　话	010 - 84657898（总编室）　010 - 84657880（读者服务部）
网　　址	www.cciph.com.cn
印　　刷	天津市新科印刷有限公司
经　　销	全国新华书店
开　　本	880mm×1230mm $^1/_{32}$　印张　$5^1/_2$　字数　122 千字
版　　次	2025 年 5 月第 1 版　2025 年 5 月第 1 次印刷
社内编号	20240325　　　　　　　　　　定价　49.00 元

版权所有　违者必究

本书如有缺页、倒页、脱页等质量问题，本社负责调换，电话:010 - 84657880

出版说明

在波兰，雅努什·科扎克是与肖邦、居里夫人齐名的教育家、作家、社会活动家，他被誉为"国际儿童人权之父"，其著述和思想是联合国《儿童权利公约》的思想基础。

书中描述的养育窘境多年来一直困扰着无数家长。一方面，新手父母容易陷入"育儿焦虑"，在不断的自我苛责中积累负面情绪。另一方面，儿童的天性和权利在过度保护中遭到了漠视，"摆脱原生家庭的束缚""弄清自己想要什么"逐渐成为成年后自我疗愈的首要课题。

松弛感育儿就是给亲子双方"解绑"。在科扎克看来，孩子本身是宇宙的一分子，有亲近自然和向外探求的天性，他既不是属于某个人的物件，也从不被谁拥有，因此父母不能要求孩子必须承担并实现自己的"期待"，也不必将自我牺牲视为"合格家长"的标准。养育是一个双方共同成长、相互完善的过程。

科扎克的文字轻如溪涓，娓娓道来，以概念化形式呈现育儿理念，却内涵深远，静水流深。全书未曾出现确切的育儿标准和如何抚养孩子的具体指导，不用"你应该如何做才算合

格"的枷锁来框定育儿行为,正符合本书"松弛感"的主题。虑及作者遗留的多为散碎的"语录体"式文字,恐影响阅读体验,特将作品辑录成篇,以加强系统性和连贯性。

  在这个过程中,我们始终秉持尊重原著的原则,全力保留书中的核心思想和教育理念,期待通过这样的努力,本书能够触及更广泛的读者,为大家提供有价值的见解和启发。

  特此说明。

序 言
preface

令年轻母亲既痛苦又惊喜的事物只有一个：婴儿的哭声。

或许她是首次面对，会手足无措；或许她是早有准备，能游刃有余。她当然知道婴儿会哭，但面对的是自己的孩子时，她就忽略了这样一个事实，只期待看到孩子迷人的微笑。

在怀抱着新生命的那一刻，她满心柔情蜜意地暗暗发誓，她将充分尊重孩子的需求，理解孩子的需要。她会在一位经验丰富的医生的指导下，以一种现代的、科学的方式抚养他。她的孩子不应该会哭泣。

然而，每当夜幕降临，她仍会恍惚，漫长而艰难的分娩时光仍历历在目。她刚刚感受到无忧无虑的疲惫带来的甜美、不受良心谴责的闲适，以及艰难挣扎与拼命努力后的休憩，这在她柔嫩的生命中还是第一次。她陷入了这样的错觉，认为所有的烦恼都结束了，因为那个新的生命正在不依靠任何人独自呼吸。她满心宁静，只能向自然提出一个个充满神秘遐思的问题，甚至不期待得到回应。

但就在这时……

一声专横的啼哭从孩子口中传出，要求着什么，抱怨着什么，呼唤着帮助，而她无法理解。

孩子的哭声仿佛是一声铿锵有力的呐喊："醒醒！"

IV 育儿松弛感

而她只是个慌乱的母亲:"我做不到,不愿意做,也不知道该怎么做。"

在床头灯的微光下,那第一声啼哭预示着两种生命的斗争即将开始:一种是成熟的生命,必须做出让步、放弃和牺牲,可下意识试图自卫;另一种是新生而稚嫩的生命,正为权利——他自己的权利而战。

如今,你不会责怪这个孩子:他还不懂事,他正在受苦。但终有一天,你会说:"我也有感觉,我也在受苦。"

"如何爱,何时爱,应当给予孩子多少爱——为什么爱?"

我预感到有许多问题亟待解答,有许多疑惑需要解释。

而我的回答是:"我不知道。"

若你在阅读后,开始梳理自己的思绪,那就意味着这本书已经完成了它的使命。若你快速翻阅书页,试图在字里行间寻找既定的规则和现成的方法,并因为它们的匮乏而皱眉时,那你应该明白,如果你真的在这本书里找到了任何具体的建议或指示,那都并非出自作者的意愿,甚至可以说是违背了作者的本意。

我不知道,也不可能告诉你,一对我不认识的父母如何在我不熟悉的环境中养育一个我不认识的孩子;我在此重申——是能如何养育,而不是希望如何养育或应该如何养育。

"我不知道",在科学领域,就像是一片正在形成的星云,一片孕育着接近真相的新思想的星云。但对于那些未经科学思维训练的头脑来说，它是一种令人痛苦的虚无。

我渴望引导别人去理解并爱上与当代儿童知识相关的、奇妙的、充满创造性的、常常带来令人眼花缭乱的惊喜的"我不知道"。

我要强调，没有任何一本书，没有任何一位医生，能取代你自己的敏锐思考和细致观察。

社会上流行着一种观点，即成为母亲能使女性变得高尚，女性从成为母亲的那一刻起，精神就变得成熟起来。我的观点是完全不是这样一回事。诚然，母亲的身份确实可能激发她们关于人生的众多疑问，这些问题涵盖了外在生活和精神生活的方方面面；但这些问题可能会被忽视，或者被懦弱地搁置到遥远的未来去解决。有些时候，她们还会因为无法买到这些问题现成的解决方案而生气。

强求他人提供现成的解决方案，就如同期待陌生人为自己生育孩子一样不切实际。最宝贵的思想往往源自我们自身的痛苦经历。它们将决定我们作为母亲时，是用乳房还是奶瓶喂养自己的孩子；是像人类母亲那样养育孩子，还是像雌性动物哺育幼崽那样养育孩子；是引导孩子成长，还是用强制的绳索牵着孩子前行；在孩子还小的时候，是否会和他玩耍，是否会在抚摸他时寻求一种对丈夫敷衍或不情愿的爱抚的补偿；而当孩子渐渐长大，是会给他自由，还是会与他作对。

目 录
CONTENTS

第一章 带娃是艺术而非枷锁

第一节 孩子本身不属于任何人 - 002

第二节 父母对孩子的期望 - 007

第三节 强迫性的饮食和睡眠 - 014

第四节 世上没有完美的"金钟罩铁布衫" - 018

第五节 每个孩子都有自己的生长曲线 - 026

第六节 婴儿视角的世界 - 038

第二章 做"不扫兴"父母

第一节 孩子是什么 - 048

第二节 随机分配的基因彩票 - 053

第三节 好孩子不等于省事的孩子 - 058

第四节 犯错了也没关系 - 069

第五节 保护好奇心和想象力远胜于物质堆砌 - 075

第六节 当孩子读童话时他们在读什么 - 078

第三章 不和孩子成为"对立星人"

第一节 缺乏注意力是孩子的天性 - 088

第二节 别忘记孩子缺乏经验 - 094

第三节 孩子也有被尊重的权利 - 105

第四节 孩子的游戏王国 - 114

第五节 大人没必要表演无所不能 - 131

第六节 与叛逆期的孩子相处请"心宽手懒" - 141

第七节 逐渐打开的情感世界 - 156

写在最后 - 163

第一章

带娃是艺术而非枷锁

第一节 孩子本身不属于任何人

*

你说：

"我的宝贝。"

如果说你有权使用这个称呼，那也只是在你怀孕的时候。那颗小小的心脏跳动着，大小不过如一颗桃核，只是你自身脉搏的回响。你的每一次呼吸都为他提供着氧气。你和他的血管里流淌着同样的血液，你的每一滴鲜红的血液都不知道自己最终会留在你的体内，还是流入他的体内，抑或是作为孕育与分娩这一神秘过程中付出的代价而流失。你咀嚼的每一口食物，都将成为原始的材料，用于构建他未来蹒跚学步的双腿、覆盖全身的皮肤、见证世界的双眼、产生思想的大脑、向你伸出的双臂，以及伴随着哭喊声"妈妈"的笑容。

你们两人注定会共同经历一个至关重要的时刻：共同承受相同的痛苦。钟声将作为那一刻出现的信号：

"各就各位——"

这一刻，他喊着："我想要过自己的生活。"而你会说："从现在开始，去过你自己的生活吧。"

通过身体强烈的收缩，你将孩子排出体外，不顾他的痛苦；

而他也将坚定而无情地冲破束缚，不顾你的痛苦。

这是一种残忍的行为吗？

不，绝非如此——你们两人将共同完成成千上万次难以察觉、微妙且极为灵巧的悸动，以确保在分享生命的过程中，你们都不会多取一分，而是严格按照普遍而永恒的自然法则行事。

"我的宝贝。"

不，他并不属于你，即使在你怀孕的几个月，或者分娩的几小时里。

*

你生下的孩子重十磅。其中有八磅水，还有一些碳、钙、氮、硫、磷和铁。你生下了八磅水和两磅灰烬。构成你孩子的物质，曾是云气、雪晶、雾霭、露水、山泉和城市排水沟里的浮渣。每一个碳原子或氮原子都经历过数百万种不同的组合。

你所孕育的，不过是取自世间万物的元素。

地球悬浮在无尽的宇宙中。

他亲密的伙伴——太阳——远在五千万英里[①]之外。

我们这颗微小星球，直径仅三千英里[②]，是一团由薄薄的、十英里深的凉爽地壳包裹着的火球。

在薄薄的地壳上，散布着被海洋环绕的陆地。

---

① 原文为五千万英里，实际应为九千万英里。
② 原文为三千英里，实际应为七千九百英里。

在陆地上,乔木和灌木丛中,昆虫、鸟类和兽类之间,人类像蚂蚁一样来来往往。

在这数百万人当中,你增添了一名成员——难道不是这样吗——一粒极其微小的尘埃——一个无足轻重的小东西。

他是如此脆弱,以至于任何细菌都可以摧毁他,而这种细菌即使被放大一千倍,在视野中也不过是一个小点。

但这个"无足轻重的小东西"是每一朵海浪、每一阵风、每一道闪电、每一轮红日以及整个银河系的兄弟。这粒"尘埃"是每一株玉米穗、每一片草叶、每一棵橡树、每一棵棕榈树、每一只雏鸡、每一头幼狮、每一匹小马驹和每一只小狗的血肉至亲。

他体内有能感受和审视的东西——会痛苦，会渴望，会喜悦，会爱，会信任，会憎恶，会相信，会怀疑，会靠近，会远离。这粒"尘埃"可以通过思考理解所有事物：星星和海洋，山脉和深渊。如果不是无法丈量的宇宙，那么他灵魂的本质又是什么呢？

这就是人类的矛盾之处，人类从尘埃中诞生，神却选择尘埃作为他的居所。

*

你说：

"我的孩子。"

并非如此。这个孩子是家族的共同财富，属于父母、祖父（母）乃至曾祖父（母）。

某个深藏在历代祖先血脉中的"我"，某个来自腐朽、已被遗忘的棺材里的声音，突然借由你的孩子之口开始说话。

三百年前，在战时或和平时，在种族、民族和阶级交织的万花筒中，有人占有了他人——或许是经过同意，或许是使用暴力，过程中或许充满恐惧，或许沉醉爱欲——有人通奸，有人引诱，没有人知道何人何时所为，但神已经将其记录在命运之书上，人类学家则试图从颅骨的形状和头发的颜色来探寻究竟。

有时，敏感的孩子会幻想自己是父母家中的弃儿。也许真的是这样：他的生父一百年前就去世了。

孩子就像一张羊皮纸，上面密密麻麻地写满了微小的象形文字，你只能解读其中一部分，其他部分则需要擦去或修正，再用你自己的故事填补。

这是一条令人畏惧的法则吗？——不，这是一条令人赞叹的法则。它让你的每个孩子都成为那不朽的世代链条上的首环。在你陌生的孩子身上寻找你自己沉睡的部分。也许你会感知到它，甚至会发展它。

孩子与无限。

孩子与永恒。

孩子——宇宙中微小而璀璨的尘埃。

孩子——时间长河中短暂而永恒的一瞬。

第二节 父母对孩子的期望

*

你说：

"他应该像……""我希望他成为……"

你下意识地寻找一个他应该模仿的榜样，寻找你希望他过的生活。

平庸之人当道，平凡之物无处不在，这无关紧要。四处皆是灰暗，这也无关紧要。人们趾高气扬，忙碌奔波——为琐碎的烦恼、卑微的抱负和平庸的目标……

期待无法实现，遗憾侵蚀心灵，渴望永不断绝……不公盛行。冷漠如寒风般刺骨，虚伪令人窒息。

尖牙利爪的会发起攻击，而胆小怯懦的只能忍气吞声。

人们不仅会受苦，还会变得消极和走向堕落……你的孩子

将会成为什么样的人？是斗士还是劳动者，是指挥官还是其他军衔，或者只是快乐的愚人？

幸福是什么？它在哪里？有谁知道它吗？

你能应对吗？你如何预见一切，又如何保护孩子？

孩子犹如在浑浊的生活激流上飞行的蝴蝶。你如何在不降低他飞行高度的情况下赋予他坚定，如何在不使他翅膀疲惫的情况下锻炼他？

通过榜样？通过援手？通过建议或话语？如果他对你提供的一切都置之不理呢？

十五年后——他将展望未来，而你——将回顾过去。对你来说——是回忆和习惯，对孩子来说——是不稳定和傲慢的期待。你心存怀疑，而他满怀期待并充满信心；你忧心忡忡，而他无所畏惧。

人在青春时期即便不表现出嘲笑、拒绝和鄙视，也总是想要改进有缺陷的过去。

那就让他寻找，只要他不迷失方向；让他攀登，只要他不摔下来；让他开拓处女地，只要他的手不流血；让他奋斗，但要小心——务必小心。

他会说：

"我可以以自己的方式看待事物。我已经受够了被束缚。"

你不再信任我了吗？

你不再需要我了吗？

我的爱让你感到压抑了吗?

任性的孩子,你对生活一无所知,可怜的孩子,忘恩负义的孩子!

*

忘恩负义。

地球会感激太阳给予它光明吗?树会感激它生长所依赖的种子吗?夜莺会因为母亲曾经用胸膛温暖它而为母亲歌唱吗?

你是毫无保留地将自己从父母那里得到的东西给予孩子,还是以偿还为条件借出,仔细地记录每一项并计算利息?

爱是一项需要报酬的服务吗?

"乌鸦妈妈疯了一样来回地飞,几乎要落在男孩的肩膀上。它猛烈地啄他手中的棍子,在他头顶上方低飞,用头像锤子一样撞击树干,啄着树枝,用尖锐、紧张、干涩的声音绝望地叫。男孩一扔下雏鸟,它就展开翅膀俯冲下来,拖着雏鸟在地面上滑行。它张大嘴,想要叫喊,但已经发不出声音了,所以只能用翅膀拍打空气,在男孩的脚边跳来跳去,疯狂而滑稽。当它所有的孩子都被杀死后,它飞到树上,看着空空的巢穴;它绕着巢穴盘旋,似乎在思考一些事情。"[1]

母爱是一种自发的力量。人类以自己的方式改变了它。整个文明世界,除了那些未受文明影响的群体,都在实行"杀婴"。

---

[1] 引自斯特凡·热罗姆斯基。

一对夫妻生了两个孩子,而他们本来可以生十二个,从某种程度上来说,他们扼杀了那十个尚未出世的生命。也许未出生的十个孩子当中,就有最有价值的那一个。

那么,人应该怎么做呢?

不要养育未出生的孩子,而要养育已经出生并将要生活下去的孩子。

这不过是幼稚的牢骚。

很长一段时间里,我不愿承认必须考虑和关心已经出生的孩子。我忘记了,无论一个人是否生活在国家分裂所带来的奴役状态之下,是否只是臣民而不是公民,都必须为孩子创办学校、提供工作场所、设立医院和营造良好的文化生活环境。

今天,我认为无节制的生育是邪恶和不负责任的。我们很可能即将迎来由优生学和人口政策催生的新法律。

*

"他长得漂亮吗?在我看来,孩子都是一样的。"

一些母亲为了强调自己在养育子女时的严肃态度,往往会这样言不由衷地表述。

美貌、魅力、良好的仪态和悦耳的声音都是你赋予孩子的宝贵财富。这些特质与健全的身体和聪慧的头脑一样,能够使孩子的人生道路更加平坦。

然而,我们也不应高估美貌的价值,如果缺乏其他内在品质的支撑，美貌可能只会带来伤害。这更加凸显了拥有敏锐智慧的必要性。

养育一个容貌出众的孩子和养育一个相貌平庸的孩子是不同的。既然孩子亲身参与我们教养的过程，我们就不应该在容貌的问题上对孩子不真诚——这恰恰会给孩子造成不必要的误导。

容貌羞耻是中世纪遗留下来的产物。既然人们会喜爱一朵花、一只蝴蝶或一处美丽的风景，又怎么会对一个人的美貌无动于衷呢？

你是否也正试图对孩子隐瞒"他很漂亮"这个事实？即便在家中，这个孩子能接触到的所有人都对他隐瞒这个事实，踏出家门后，在街上、商店、公园或任何地方，遇到的陌生的大人或同龄的伙伴也会通过赞叹、微笑或眼神来告诉他这一点。可能有的人会说，这样做会伤害到那些相貌平庸的孩子。但是，孩子会明白人的外表能带来某些优势，就像他明白双手是用来做事的一样。

但就像一个孱弱的婴儿可能发育得非常健壮，一个健康的婴儿也可能因意外而夭折一样，一个容貌姣好的孩子可能内心并不快乐，而另一个因容貌一般而不被关注的孩子反倒可能过得怡然自得。我们必须时刻牢记，生活一旦察觉到那些正向特质的价值，便会试图通过购买、欺诈或窃取的方式将其据为己有。正是由于处在不断震荡的平衡状态之下，教育者才时常会感到意外，并痛苦地惊呼："为什么会这样？"

"我并不关心容貌!"

你从一开始就陷入了虚伪的谬误。

*

他足够聪明吗?

一开始谨小慎微地探究这个问题的母亲,很快就会对孩子颐指气使起来。

你必须吃饭,尽管你并不饿,甚至继续进食可能会让你反胃;你必须上床睡觉,即使你还在哭泣,并且至少还会保持一小时的清醒。但因为你要保持健康状态,所以我坚决要求你做这些事。

不要在沙子里玩耍,不可以穿紧身裤,要保持头发整齐,因为我坚持要让你保持最好的仪容仪表。

"他还不会说话……他明明比某某年长几岁……可他还不如人家懂事……他不擅长学习……"父母往往不会通过细致的观察来了解自己的孩子,而是随意挑选一个身边"更聪明的孩子"作为对照,对自己的孩子提出要求:这是一个你必须学习的榜样——你要努力做到像他一样。

有些富裕的父母无法接受孩子将来可能会成为体力劳动者。为了避免这种情况,他们宁愿孩子在不快乐中成长。这不是对孩子的爱,而是父母的私心;这不是为了孩子个人的利益,而是为了满足家族整体的野心;这不是寻找正确的成长之路,而是遵循社会习俗。

孩子们的内在是丰富多样的：有的主动，有的被动；有的活泼，有的冷漠；有的固执，有的善变；有的顺从，有的叛逆；有的善于创造，有的善于模仿；有的思维是直率而明了的，有的思维是抽象而深邃的；有的注重现实，有的耽于幻想；有的记忆力超群，有的则稍显逊色；有的孩子能迅速利用所学知识，有的孩子面对知识时则会表现出犹豫不决；有的天生专制，有的则具备反思和批判的能力。此外，孩子们的心理发展速度也不尽相同，有的可能成熟得较早，有的则稍显迟缓。有的孩子可能喜欢专注于某一领域，有的孩子则拥有广泛的兴趣爱好。

然而，有多少人真正关心这些呢？

"他能把小学读完就好。"——这是父母的无奈之言。我可以预见，体力劳动将迎来一次显著的复兴，未来各行各业将会涌现出大量的体力劳动人才。然而，我们观察到，当前家长和学校仍在与那些具有特殊需求、非典型发展、智力发展迟缓或智力发展不平衡的孩子做斗争。

重点不在于孩子是否聪明，而在于有多聪明。

呼吁有这类孩子的家庭自愿做出必要的牺牲是天真且不现实的。智力测试和心理测试能有效遏制自私的野心。当然，所有这些都是遥远未来的美妙乐章。

第三节 强迫性的饮食和睡眠

*

孩子不想吃饭。

首先,我们来做一些简单的计算:

一个婴儿出生时体重约为 8 磅;一年后,他的体重会增加到原来的三倍,约 25 磅。如果他继续以这种速度成长,到第二年年底,他的体重将是 25 磅的三倍,即 75 磅。

到第三年年底,他的体重将是 75 磅的三倍,即 225 磅。

到第四年年底,他的体重将是 225 磅的三倍,即 675 磅。

到第五年年底,他的体重将是 675 磅的三倍,即 2025 磅。

这个重达 2000 磅的五岁"小怪物",按照婴儿通常的食量,每天会吃掉自身体重 1/6 到 1/7 的食物,即他每天需要吃掉约 300 磅的食物。

孩子可能吃得很少,非常少,也可能吃得很多,甚至非常多,这取决于他的生长机制。他的体重曲线可能呈逐渐上升或急剧上升的趋势,偶尔也可能会在几个月内保持不变。曲线变化的逻辑是具有一致性的:当孩子身体不适时,他的体重会在几天内下降,而在康复后的几天里,又会按照某种内在规律恢复到原来——"就这么多,不多也不少"。如果一个健康但因生活贫困而营养不良的孩子开始正常饮食，他将在一周内弥补不足，达到他所在年龄孩子的正常体重水平。如果你每周都给孩子称体重，一段时间后，他就能意识到自己体重是减少了还是增加了。

"我上周瘦了300克，到今天为止大概长回来了500克——我今天晚上不会那么重，因为我错过了晚饭。我又重了500克……"孩子想让父母高兴，不想让妈妈失望，而且他知道顺从父母的意愿会带来好处。如果他没吃完肉排或没喝完牛奶，那是因为他确实吃不下了。强迫他吃完，可能会导致他出现胃部不适和消化问题，随后严格控制饮食又会影响他正常的体重增长。

因此，一个重要的原则是，孩子想吃多少就吃多少，既不多也不少。即使在孩子生病需要加强营养的情况下，也应该让孩子参与制订他的饮食菜单，并让他掌控治疗过程。

*

强迫不困的孩子去睡觉是一种错误行为。规定孩子需要多少小时睡眠的图表纯粹是无稽之谈。手头有一个计时器，就可以很容易地确定一个孩子需要多少小时的睡眠：他需要连续睡多久才能睡饱——我再说一遍，是睡饱，而不是精力充沛。有些时期孩子需要更多的睡眠，而有些时期，孩子只是喜欢躺在床上且不想睡觉，因为他累了但不困。

疲惫期：他晚上不情愿地上床睡觉，因为他不困；早上又不情愿地离开床，因为他不想起床。晚上，他试图营造出自己不累

的假象,因为如果他表现得疲惫,就会被禁止坐起来剪纸、玩积木或洋娃娃:大人会把灯关掉,要求他安静下来。早上,他会假装睡觉,因为他被要求立刻起床,用冷水洗脸。他多么希望能感冒发烧啊,因为这样就能躺在床上却不用睡觉。

宁静的平衡期:他很快入睡,但会在日出前醒来,充满活力,渴望运动,还会主动玩耍。阴沉的天空和寒冷的房间都不会让他感到沮丧;他穿着睡衣,光着脚,在他的小桌子和椅子上跳来跳去取暖。该怎么办呢?尽管这对你来说可能很震惊,但就让他玩吧,就让他坐在床上自娱自

乐,哪怕持续到晚上十一点钟才睡着。如果睡前说话会让人睡不着,那么因为不情愿的服从而产生的紧张情绪就不会让他们睡不着吗?

"早睡早起"——无论这条规则是对是错——已经被父母们为了自己的方便而故意曲解成了"睡得越多越好"。他们给白天本就慵懒无聊的生活增添了更多烦恼,也给夜晚等待睡眠的过程

增添了更多恼人的无聊。很难想象还有比"马上去睡觉"更专制的命令了，这几乎等同于折磨。

成年人会觉得他们的健康受到了晚睡的影响，因为他们将夜晚的时间用于畅饮和狂欢，第二天早晨，职业责任又要求他们早起，于是他们缺乏睡眠。而一个神经衰弱的人，如果在别人的建议下某天早起了一次，会感觉自己仿佛站上了世界之巅。

在城市里，孩子早早上床睡觉，待在人造光下的时间较短，这其实也没有带来多少好处。他不能一大早就到空旷的田野里去，而只能躺在床上，百叶窗还拉着，他已经变得懒惰、迟钝、心情阴郁，这对一天的开始来说并不是一个好兆头。

在短短几十行的篇幅内，我无法更加深入地探讨这个问题，这本书中提到的其他问题也是如此。我的工作只是给家长们敲响警钟。

第四节 世上没有完美的"金钟罩铁布衫"

*

孩子还好吗?

想到和孩子不再是一体,她仍然觉得难以置信。就在不久之前,她还把孩子当作自己的一部分,对孩子的担忧也是对她自身的担忧。

她曾热切地期盼着这一天过去,期盼着能回望这一刻。她相信一旦这一天过去,所有的忧虑和恐惧也就会随之而去。

但现在呢?

真是奇怪。以前,孩子似乎离她更近,更像是她的一部分,她更加确信他的安全,也更加了解他。她以为自己会知道如何照顾他。但是,一旦陌生人的手——那些付费的、专业的手——接管了照顾他的任务,她自己被降级为一个次要角色，她便感到惊慌。

世界已经在把他从她身边夺走。

在被迫无所事事的漫长时间里，一系列问题清晰地浮现出来：我给了他什么？我为他配备了什么？我给了他什么保障？他感觉好吗？如果感觉尚好，他为什么哭呢？

他为什么这么瘦？为什么吸吮得这么差？为什么要么睡不够，要么睡太多？为什么他的头这么大？为什么他的小腿这么皱？为什么他的小拳头攥得这么紧？为什么他的皮肤这么红？为什么他的鼻子上有粉刺？为什么他眯着眼睛看东西？为什么他打喷嚏，咳嗽，声音都哑了？

这正常吗？也许他们有什么事瞒着我？

她盯着这个无助的小生命，他与她以前在街上或公园里看到的那些小巧、无牙的小东西都不一样。难道三四个月后，他就会变得和他们一样吗？

也许他们判断错了？也许他们把孩子的问题想得太简单了？

这位母亲半信半疑地听着医生的话，同时仔细地看着他：她想从他的眼神、肩膀的姿势、抬起的眉毛以及额头的皱纹中读出信息，以判断他是否在对她说实话，他是否表现出任何犹豫的迹象，他是否认真负责。

*

书本上现成的经验往往令人眼花缭乱，思维变得迟钝。人们

一味汲取他人的经验、见解和观点，逐渐对自己的判断失去了信心，甚至丧失了独立观察和思考的能力——仿佛印在纸上的内容就是不可动摇的真理，而不是他人通过探索研究得出的成果。然而，那些纸上的内容是属于别人的，而非你自己；那些成果是以别的孩子为研究对象，而不是今天的你自己的孩子。

学校教育助长了人的怯懦心理，让人害怕承认自己的无知。

有多少次，一位母亲在纸上写下了许多问题，却不敢向医生问出口。而她把写有"一些愚蠢问题"的纸递给医生，又是多么罕见的情况啊！

在试图掩盖自身无知的同时，母亲们往往也在不经意间迫使医生隐藏起他们的疑虑与犹豫，给出一个明确无误的答案。人们往往不愿接受条件性的回答，也不喜欢医生在关键时刻的沉思与权衡。这种压力之下，医生有时不得不扮演起预言家的角色，尽管这可能导致他们偏离了科学的严谨，甚至被误解为庸医。

有时，父母们不愿了解那些他们已知的事实，也不愿看见他们已见过的东西。在追求便捷与效率的社会风气下，分娩这一神圣而复杂的生命过程，竟成了一个违背常规的例外。母亲们理所当然地要求大自然给予丰厚的回报。母亲们认为，既然她们已经承受了怀孕的艰辛与分娩的痛苦，那么大自然就应该赐予她们一个完美无缺的孩子。

更糟糕的是，当母亲们习惯了用金钱能买到一切的价值观念时，她们开始难以接受这样一个事实：在这个世界上，有些东西是乞丐能够拥有，而富翁即使苦苦祈求也无法得到的。

因此，在市场上寻找标榜着"健康"标签的产品时，父母们常常陷入盲目与困惑，最终可能购买的只是些无益甚至有害的商品。

*

我们该如何看待取得专利的婴儿食品呢？

首先，我们需要区分"关于健康的科学"和"打着健康旗号的商业行为"。

生长液、护齿灵、驻颜香粉，或是能帮助婴儿长牙的专利食品——这些往往都是科学的耻辱，而不是科学的骄傲、初心和目标。

生产商总是承诺会提供让母亲满意且婴儿喜欢的食品，承诺他们的专利食品有助于婴儿肠道蠕动，可以使婴儿排便正常、体重显著增长。但很多时候，这些所谓的"专利食品"并不会帮助婴儿体内的消化系统提高效率，甚至可能会使婴儿身体组织机能变得迟钝；它们不能提高婴儿的活力，反而可能会使婴儿因体重增长过快而降低活力；它们也无法为婴儿提供抵抗疾病的抗体。

这些生产商总是诋毁母乳，尽管他们会做得很委婉，只是巧妙地植入疑虑，一步一步地引诱大众产生对于婴儿专利食品的需求，再通过五花八门的产品来满足大众。

人们可能会说：世界知名的商标代表着品质受到专业认可。

但请记住，科学家也是人：有些敏锐，有些迟钝；有些细心，有些鲁莽；有些诚实，有些狡诈。不得不承认，确实有一部分人能成为科学界的权威，但依靠的不是杰出的科研能力，而是不正当手段，以及金钱或是家世所带来的特权。科学研究需要昂贵的设施，这些设施不仅可以用真正的科学价值来交换，还可以通过变通手段、顺从资本和阴谋诡计来取得。

我曾在一次科学会议上看到了傲慢无礼的人如何窃取了他人十二年来兢兢业业研究的成果。我也曾见过有一项发现是为了在一次著名的国际会议上展示而编造出来的。经几十位医学"明星"证实价值的一种营养制剂，结果被证明是假的——这桩丑闻还上了法庭，但很快就被掩盖了。

谁赞扬了这种制剂并不重要，重要的是谁拒绝赞扬它，即便销售代表和生产商做出了极大努力。而这些销售代表和生产商肯定很了解他们的业务，并且能够影响媒体。拥有数百万资本的大公司是有极大影响力的；他们代表了一种并非所有人都能抗拒的力量。

本小节中的许多地方与我放弃医学的决定相呼应。我曾目睹应受谴责的疏忽和大意。（除了未受赏识的卡明斯基，布鲁津斯基是第一个公开认可儿科并为儿科赢得广泛认可的人）外国制药行业开始明目张胆地从痛苦和贫困中牟利。今天，我们有医疗诊所、工厂托儿所、夏令营、疗养院、学校监督和医疗保险。虽然仍然存在混乱和缺点，但至少我们已经见到了改变的开始。现在人们可以一定程度上信任专利食品和药品；它们的作用应是辅助，而不是取代儿童卫生保健和社会护理。

*

孩子发烧了，有感冒症状。

他会有危险吗？他什么时候会好起来？

我们的回答是综合考虑了我们所了解的信息和观察到的情况得出的。

所以，一个体质强壮的孩子通常能在一两天内从轻微感染中恢复过来。但如果病情较严重或孩子体质较弱，感冒可能会持续一周。时间会给出答案。

另一种情况是，虽然只是小毛病，但婴儿年龄还非常小。对于婴儿来说，感冒常常会从鼻黏膜蔓延到喉咙、气管和支气管。我们很快就会知道病情的发展。

最后，在一百个类似的病例中，有九十个病例中的孩子会迅速康复；有七个病例中的孩子症状会持续较长时间；而有三个病例中的孩子会发展成严重疾病，甚至可能死亡。

但还有一个疑问：另一种疾病可能隐藏在轻微感冒的表象之下吗？

情况是复杂的，但母亲想要确切的答案，不想有任何猜测。我们可以通过对痰、尿液、血液和脑脊液的分析来辅助诊断。孩子可能需要进行X光检查，并请专家会诊。这样无疑会提升诊

断、预后判断甚至治疗的准确性。但这种优势是否会被反复的医疗检查、众多医生的频繁接触（他们每个人都可能通过头发、衣服褶皱或呼吸给孩子带来更危险的病菌）所造成的伤害抵消呢？

他可能是在哪里感染上感冒的？

这本来是可以避免的。

但是，这种轻微的感染是否会使孩子对可能在一周或一个月后攻击他的更严重的病菌产生抵抗力呢？它是否会使孩子身体的防御机制更完善，比如大脑的体温调节中枢、腺体和白细胞功能？把孩子与他吸入的空气隔离开来是可能的吗？要知道，每立方厘米的空气中都含有数千种细菌。

我们渴望的与我们必须接受的之间的新冲突，难道不是又一次机会让母亲具备常识，而非专业知识吗？如果缺乏常识，她将无法正确地抚养孩子。

第五节 每个孩子都有自己的生长曲线

*

也许,我也应该写一本类似于梦境解析的婴儿护理指南。

"出生时重七磅——这很好,孩子以后准保健康又富贵。"

"排泄物呈绿色且带有黏液——不太妙,是坏消息。"

也许,我还应该编写一本关于爱情建议的实用指南。

我本想这么做,但我的经验告诉我,没有哪项指南不会被无批判的极端主义者带到荒谬的地步。

有一些盛行已久的旧说法:一天要喂三十次母乳,其间还要喂几滴蓖麻油。婴儿被喜欢他的阿姨们从一个传到另一个,抱着、摇晃着。她们把婴儿带到窗边或镜子前,拍手、摇动响铃、唱歌——简直像一场真正的乡村集市。

还有一些崭露头角的新说法:必须每三小时喂奶一次。婴儿看着母亲准备盛宴,变得不耐烦和生气,开始哭泣。母亲看着时钟:还有四分钟。婴儿睡着了,但因为到了他吃奶的时间,母亲便把他叫醒了;时间一到,她又把婴儿从乳房上拉开。他静静地躺着——不能动他。他不能养成被抱的习惯!吃饱了,洗过澡了,被擦干了,应该去睡觉了。但他没有睡着。大家踮起脚走路,窗户被遮住,房间里就像病房一样,是死一般的寂静。

这不是在理性育儿,而是在生搬硬套规则。

*

问题不该是"多久喂一次",而是"一天喂几次"。

这样提出问题给了母亲行动的自由;她可以自行确定出最适合自己和婴儿的喂奶时间。

婴儿在二十四小时内应该吃几次奶呢?四到十五次。

一次喂多长时间?四分钟到四十五分钟,甚至更长。

我们会遇到乳房容易吮吸和难以吮吸的情况,乳汁稀少或充足的情况,乳头条件好或不理想的情况,乳头坚硬或易受伤的情况。我们会遇到吮吸有力的婴儿、任性的婴儿或懒惰的婴儿。因此,这方面并没有通用的处方。

乳头发育不好但坚硬,新生儿又很渴望吃奶,那就让他频繁地、长时间地吮吸,以"锻炼"乳房。乳汁充足,但婴儿孱弱,最好先挤出一些乳汁,以迫使婴儿用力吮吸。如果他还不够强壮,那么先让他吃奶,再把剩余的奶挤出来。

出奶有些困难，婴儿又很困，可能十分钟后，婴儿才开始吃奶。在一次、两次或五次吮吸动作之后，婴儿可能才吞咽一口奶。每一口的奶量可多可少。婴儿可能会舔乳房或吸吮，但不吞咽；婴儿也可能很少吞咽或频繁吞咽。"奶水顺着下巴流下来"可能是乳汁过多，也可能是乳汁不足；婴儿非常饥饿，强烈吸吮，结果在最初几口时呛到。

在没有看到母亲和孩子的情况下，怎么能开出处方呢？

"每天喂奶五次，每次十分钟"——这是墨守成规的做法。

*

对于孩童的养育，我们必不能做的事情之一就是对一切进行纯粹的猜测，因而有人提出了口号：没有婴儿秤，就无法进行母乳喂养。

除了通过称重，我们无法得知婴儿吃了三勺还是十勺奶。但正是这一点决定了婴儿应该多久吃一次奶，每次吃多久，是两边乳房的奶都吃还是只吃一边。

如果婴儿秤只是简单地显示实际情况，那么它可以成为一个可靠的顾问；但如果我们选择使用它来确定婴儿"正常"生长的模式，那么它就会变成一个暴君。我们应该警惕，不要刚脱离"绿色排泄物"的偏见，又陷入"完美生长曲线"的偏见中。

那么，该如何使用婴儿秤呢？

有趣的是，有些母亲愿意花很多时间研究乐谱、练习弹琴，却觉得使用婴儿秤太麻烦。喂奶前称一下，喂奶后再称一下？太麻烦了！然而，有些母亲对待婴儿秤这个珍贵的家庭医生，不仅小心翼翼，还满怀深情。

推广价格亲民的婴儿秤，让它们"走进"村庄里的普通人家——这是一个社会问题。谁能来着手解决这个问题呢？

*

为什么一代孩子主要以牛奶、鸡蛋和肉为食，而另一代孩子却以谷物、蔬菜和水果为主要营养来源？我可以说，这要归功于化学的进步、对新陈代谢的新研究。

但事实并非如此，这种变化在本质上要深刻得多。

新的饮食方式体现的是科学对人体生命力的信心，以及对人体自身偏好的宽容。提供蛋白质和脂肪，根本目的是通过精心挑选的饮食来迫使身体发育；而今天，我们变得更加慷慨——让身体自主选择它需要什么，它能利用什么。让身体根据自己的力量、健康状况和潜在能量提出要求。

关键不在于我们给孩子吃什么，而在于他能吸收什么。因为任何暴力和过度的灌输都是负担，而任何不均衡都可能是错误。即使我们非常接近真相，也可能在某个环节犯错误，如果我们在几个月内重复这个错误，就可能会损害或阻碍孩子身体系统的运作。

何时、如何以及应该给孩子提供什么额外的食物？如果婴儿喝一升牛奶不足以满足需求，那么应该逐渐添加其他食物，同时观察孩子的身体反应，一切都要根据孩子的具体情况及其反应来确定。

*

一百个婴儿。我在他们每个人的床边俯身探察。

他们中有些生命可能只能以周或月来计算；他们的体重和体形各不相同；他们中有些在生病，有些正在康复，有些各项指标都正常，还有一些勉强维持着生命。

他们的眼神也各不一样。有些暗淡，有些蒙眬，有些冷漠，有些固执，还有些是充满痛苦的凝视；有些活泼，有些温暖，有些是带着挑衅的。至于微笑也是各式各样的，有些会在目光接触的瞬间立即向你展现友好的微笑；有些则是需要经过一段时间的仔细观察后，才对你展现微笑；还有些则需要你以微笑和温柔的话语来唤醒他们的微笑。

起初，在我看来，这些情况的发生是充满随机性的。但事实上，这几种情况在短短几天内一再重复出现。我通过记录区分出信任他人的婴儿和怀疑他人的婴儿，情绪稳定的婴儿和喜怒无常的婴儿，总是快乐的婴儿和总是不快乐的婴儿，时常犹豫的婴儿，常常感到害怕的婴儿，以及总对外界抱有敌意的婴儿。

一类婴儿总是快乐的：无论在喂奶前还是喂奶后，不管是刚从梦中醒来，还是昏昏欲睡时，他都会微笑。困倦时，他会抬起眼皮，冲你露出一个微笑，然后再次入睡。另一类婴儿则时常感到不快乐：他回应别人时带着焦虑，几乎要哭出来；在长达几周的时间里，他只露出过一次短暂的微笑。

我依次检查他们的喉咙。有的婴儿会通过行动进行激烈的抗议。有的婴儿只是不情愿地皱起脸，不耐烦地摇头，然后又立刻露出友好的微笑。有的婴儿对伸到他面前的陌生的手的任何动作都充满疑虑，保持警惕，甚至在检查开始之前就大发脾气……

大规模的天花疫苗接种：每小时接种五十个孩子。这有点像是一场实验。有些婴儿会立刻给出明确的反应，有些婴儿逐渐地试探性地给予反馈，有些婴儿则无动于衷。第一个婴儿只是略感惊讶，第二个就变得焦躁不安，第三个显然很惊慌；一个很快将这件事抛到脑后，恢复正常，另一个则对这件事记忆犹新，难以释怀……

或许有人会说这是婴儿期的特征。的确，但只是在一定程度上。他们反应迅速，而且能够记住过去的经历。那些有过痛苦手术经历的婴儿的表现，我们多么熟悉；我知道有些婴儿因为曾经服用过含有樟脑的乳状药物而对牛奶产生了排斥。除了这两者，还有哪些因素在塑造成年人的思维呢？

*

第一个婴儿：

他来到这个世界不久，但已经适应了寒冷的空气、粗糙的尿布、令人不安的噪声以及吃奶时所必须付出的努力。他吸吮得勤奋、熟练且大胆。他很快便开始咕哝并用手摆弄东西。他不断成长，开始探索周围世界。他学会爬行、走路，开始吐泡泡、说话。这一切是如何发生的、何时发生的？真是令人惊叹。这是一段愉快且顺利的成长过程。

第二个婴儿：

他花了一个星期的时间才掌握吸吮的窍门。他好几个晚上都睡不安稳。在难得的平静的一周过后，又会迎来一个风雨交加的日子。他成长的速度稍显迟缓，长牙的过程也十分困难。虽然过程并非一帆风顺，但现在一切都很好：他变得开朗、安静、迷人且有趣。或许是天生性格迟钝，或许是照料不周，抑或是母乳不够有营养，但最后总归是幸运地成长了……

第三个婴儿：

急躁、喜怒无常、容易激动，他一旦感受到不愉快——无论是来自内部的刺激还是外部的刺激，就会拼命反抗，不遗余力。他的动作活泼，变化剧烈而突然。他在今天与昨天的表现截然不同。他时而学习，时而遗忘。成长轨迹如同一条起伏不定的曲线，时而急剧上升，时而猛然下降。他带给别人的惊喜，从最令人感动的到最令人担忧的都有，不一而足。现在还难以确定和判断；总之，他多变、敏感、古怪，但可能是极具价值的个体……

第四个婴儿：

继续以天气比喻他的状态，和阴云密布的日子比起来，阳光明媚的日子格外稀少。不满是他生活的底色。没有疼痛，只有不愉快的感觉；没有尖叫，只有焦躁不安的情绪。一切都会好起来，只要……可惜情况总是有所不同。这是一个有缺陷的孩子，被以一种愚蠢的方式抚养长大……

房间的温度，多了一百克牛奶，少了一百克水——这些不仅会影响卫生，还会影响孩子的成长。婴儿面临着如此多需要探索、领悟、熟悉和吸收的事物，还要学会爱与恨，学会保护自己，学会理智地提出要求——所以，无论婴儿天生性格如何，才智如何，是反应敏捷还是略显迟钝，都必须感到自己正处于一个健康舒适的环境中。

*

通常，当医生问母亲，孩子是什么时候开始说话和走路的，母亲会感到不知所措，回答也会显得尴尬和含糊不清："具体的日子嘛……可能稍早一些，也可能稍晚一些，和大部分的孩子差不多吧。"

她认为像这样重要的事件，她所记忆的日期应该是绝对精确的，任何迟疑或含糊的表态都会降低医生对她的尊重程度。我提到这一点，只是想说明大众是多么不愿意承认存在这样一个事实：即使是进行了精确的科学观察，也很难描绘出孩子发展的大致轨迹；就像小学生不愿意暴露自己不知道答案一样，大人也普遍希望在人前隐藏自己的无知。

我们怎么能确定孩子是在叫"妈妈",而不是在发出"啊姆、啊嗯、啊吗"这样毫无意义的音节?我们怎么能准确地判断出孩子说的是"爸爸"而不是"啊嗒"呢?我们怎么能确定地说,当孩子开口叫"妈妈"的时候,"妈妈"这个词已经在孩子心中与母亲的形象紧密联系在一起,而不是其他形象呢?

孩子爬到别人的膝盖上,在别人的帮助下或是依靠自己的力量站起来。他抓住床的边缘站了一小会儿。他在地板上迈了几步,在此之前,这双腿在空中迈出了更多步。他趴在地上爬行,手脚并用地爬行,推着面前的椅子前行而使自己不失去平衡。他在真正学会走路之前,已经经历了四分之一的"走"、二分之一的"走"和三分之二的"走"的阶段。有时他可能"会走"整整一个星期,甚至昨天还在走,但今天突然就不会走了。他可能是有点疲惫,或是对自己失去了信心。也许他摔倒了,受到了惊吓,于是他不再走了,休息两周之后才重新开始走路。

孩子的小脑袋无力地靠在母亲的胳膊上,并不一定意味着他病得很重,也可能只是有些微小的不适。

钢琴家每一次完美地演绎出复杂的乐曲,都需要有良好的心态和绝对的自我控制力,孩子每一次学习新的动作也是如此。即使有例外的情况,这二者例外的情况也很类似。有时,孩子已经感觉不舒服了,但他就是不肯认输,于是他继续四处走动,甚至比平时表现得更加活跃,不停地玩耍和说话。这时,母亲会自责:"我还以为是我在胡思乱想,还带他出去散步了。"接着,她会为自己辩解:"天气那么好。"然后紧接着询问:"这不会对他造成什么伤害吧?"

*

孩子应当在什么时候开始走路和说话?就在他开始走路和说话的时候。孩子的牙齿应该在什么时候开始长出来呢?就在它们开始长出来的时候。顶骨(颅骨的一部分)会在它该变坚固的时候变得坚固。婴儿应该睡多少小时,由他需要睡多少小时来决定。

当然,我们都知道这些事情在一般情况下应该在什么时候发生。任何一本畅销的指导手册都会包含这些从教科书上抄来的小知识,它们适用于大部分孩子,但并不一定适用于你家的那个特别的孩子。

因为有些婴儿需要更多的睡眠,而有些婴儿则需要更少的睡眠。有些孩子长出牙齿比较早,他们的乳牙却很早就开始龋坏,而有些孩子很晚才开始长牙,但牙齿十分健康且坚固。顶骨通常在第九到第十四个月变得坚固——这仅适用于那些体质健康的孩子。有些天资平凡的孩子更早开口说话,而有些聪颖的孩子在语言功能的发展上反而相对滞后。

出租车的车牌号、剧院的座位号、你公寓房租的到期日——人类为了保持秩序而发明的任何事物都可以被严格遵守。但倘若有谁在试图探究那本永远鲜活的自然之书的时候,仍旧怀着这样

一种被严苛法规规训的僵化思维,他一定会遭受排山倒海而来的焦虑、失望和意外。这一切都将让他感到头晕目眩。

我认为自己值得称道的一点在于,当被问及以上关于婴幼儿发育的问题时,我没有用之前提到的次要的真理——一系列的数字来回答他们。因为无论是先长出下牙还是先长出上牙,无论是先长出犬齿还是先长出门齿,都不重要。只要拥有日历并睁大眼睛,就可以观察到这些。真正重要的是一个正在形成的生命系统的本质和需求。尽管这是一个伟大的、仍待我们去深入探索的真理。

最诚实的医生在诊疗过程中也不得不使用两种标准:面对明智的家长时,他们会像自然科学家一样承认自己的疑虑,对情况做出自己的推测,直面困难的问题,提出有趣的疑问;面对不那么明智的家长时,他们则需要变成刻板的教导者,就像用指甲在启蒙读物上划出一道线,明确指出从哪儿到哪儿。

"每两小时服用一小匙水。一个鸡蛋、半杯牛奶和两块小饼干。"

*

在孩子一岁到两岁期间,孩子的家庭医生经常会被更换。我曾经接诊过一些孩子,他们的母亲对前任医生常有怨言,认为他没有照顾好孩子的身体。或是反过来,一些母亲不会再来找我,指责我说,她们的孩子出现这样那样的不良症状是由于我的疏忽，我该对这些症状负责。在这两种情况下，母亲们都有一定的道理，因为医生已经确认了孩子的健康状况良好，但随后出现了一些之前未被注意到的突发问题，这让母亲们措手不及。这时，如果她们能够耐心等待，等到紧要关头过去，有轻微遗传负担的孩子很快就能从暂时的失衡状态中恢复过来。如果孩子遗传负担较重，那么等度过这段时期后，他的身体情况也会有所改善，这个小生命会继续平稳成长。

如果在功能失调的第一阶段和第二阶段都采取了一定的治疗措施，那么孩子病情的改善就会被归功于这些治疗措施。现在众所周知的是，肺炎或伤寒等疾病开始好转都是在疾病的自然周期结束之后。因此，在我们确定儿童发育阶段的顺序，了解不同类型的儿童的发育特征之前，儿童发育方面的混乱状况必然存在。

儿童的发育曲线有起有伏，有辛勤工作时期，也有休息时期，休息是为了积蓄力量，以便继续完成之前匆忙展开的工作，并积累资源，为进一步的建设做准备。七个月的胎儿已经具备了生存的条件，尽管他还需要在母亲的子宫里再发育两个月（几乎是孕期的四分之一）。

婴儿的体重在一年内就会增长至原来的三倍，所以他有权休息。婴儿的智力发展极为迅速，所以他有权遗忘某些已学过的东西，而这些东西被过早地认定为已永久掌握。

第六节 婴儿视角的世界

*

视觉。

光明与黑暗,白天与黑夜。睡梦中,世界朦胧一片;清醒时,万物清晰鲜明;有好的事物(如母亲的乳房),也有坏的体验(如疼痛)。新生儿注视着一盏灯。他并没有在看某一个特定的点:他的眼球时而散开,时而聚拢。过一段时间,婴儿开始用眼睛追踪在他眼前缓慢移动的物体,他的目光时而能跟上它,时而会跟丢。

阴影的轮廓,线条最初的模糊形象,以及在没有任何透视感的情况下看到的一切。从三英尺远的地方看到的母亲,与弯腰贴近自己时看到的母亲,身影是截然不同的。在婴儿看来,她面部的轮廓就像上弦月，只有下巴和嘴巴可见。但当躺在她膝盖上的时候，婴儿似乎看到了同一张脸，只是多了一双眼睛，而当她再稍微弯下腰时，这张带着头发的脸看起来又和刚才不同了。但听觉和嗅觉告诉孩子，这一切都是同一个东西。

乳房，一片白色的云彩，带着他熟悉的气味，温暖而美好。婴儿将视线从乳房上移开，转向那个总是出现在乳房上方的奇特东西，从那里传来声音和温暖的呼吸。婴儿还不知道由乳房、脸庞和双手共同构成的这个整体就是母亲。

另一个人伸出了手臂。在熟悉的动作和形象的引诱下，婴儿心甘情愿地凑了过去。但很快他就意识到了自己的错误。这一次，手臂把他从熟悉的影子中拉了出来，带到了一个陌生的东西面前，这引起了他的恐惧。他猛地转向母亲，再次获得安全后，他好奇地凝视着这个陌生的东西，或是仅仅躲在母亲的怀里以逃避危险。

最后，通过小手的探索，母亲的脸庞对他而言不再只是阴影。婴儿反复抓住她的鼻子，触碰那双被眼睑覆盖着的时而闪烁、时而变得黯淡的眼睛，感受她的发丝。我们每个人肯定都见过这样的场景：婴儿专注而严肃，眉头紧锁，用手指轻轻抬起母亲的嘴唇，观察牙齿，甚至窥探口腔内部。唯一让他感到不安的是大人们习以为常的闲聊、亲吻与友好的逗弄——那些我们通常称为"与孩子玩耍"的行为。实际上，我们在玩耍时，孩子却在认真地学习。他已经有了自己的公理、假设与正在研究的问题。

*

听觉。

从被紧闭的窗户阻隔而变得微弱的街道嘈杂声,远处的声音,时钟的嘀嗒声,人们的谈话声和各种各样的敲门声,到对孩子的耳语和直接对孩子说的话——所有这些都会混合在一起,需要孩子去分辨和理解。

至于婴儿自身发出的声音——尖叫、牙牙学语声和咕哝声,他需要很长时间才能意识到这些是他自己发出的声音,而不是某个看不见的人。当他平躺时,会发出"啊吧,啊不,啊嗒"的声音,他会仔细地聆听,并认真研究运动嘴唇、舌头和声带时所产生的感觉。他还没有意识到自己的存在,只是确定了他可以随心所欲地发出这些声音。每当我用婴儿自己的语言跟他说话:"啊吧,啊不,啊嗒",他都会十分惊讶地看着我——这个神秘的生物发出了如此熟悉的声音。

如果更加深入地探索婴儿的意识,我们会发现那里的内容比我们预想的要丰富得多。但这些内容与我们预想的大相径庭。

"我可怜的孩子,我可怜的小家伙儿饿了。"需要进食的时候,婴儿是完全明白整个过程的。他正在等待自己的哺育者解开她的束身衣,弯下身,给他系上围嘴;如果母亲的动作迟迟没有进行到最后一个环节,他就会变得焦躁不安。这些话与其说是母亲说给婴儿的,不如说是母亲说给自己的。事实上,比起这样冗长的句子，婴儿更容易记住农夫的妻子叫家禽时发出的声音："过来，过来，小鸡，小鸡。"

婴儿的思维方式是期待愉快的感觉和恐惧不愉快的感觉。这种思维方式不仅包括形象思维，也包括声音思维。这一点我们可以通过尖叫的传染性来判断：尖叫预示着某种不安的情况，会自动引发婴儿不满的情绪反应。当婴儿听到别人的哭声时，请仔细观察一下他的反应。

*

一个婴儿正在努力地去掌控外部世界：他准备好与周围邪恶、敌对的力量斗争，并预备驱使善良的精灵为自己服务。在获得第三个神奇的、受他自身意志驱使的工具——他的双手之前，婴儿会用到两个魔法咒语——尖叫和吮吸。

起初，婴儿可能因为疼痛或不适而尖叫，但很快他就会意识到，母亲会因他的尖叫声匆匆赶来，以确保没有任何东西能让他感到不适。婴儿独自待着时，常常会哭，但一听到母亲的脚步声，就会安静下来。婴儿想吃奶，就会开始哭闹，但当看到母亲开始进行惯常的哺乳前的准备工作时，哭声就会停下来。

婴儿利用其具备的少量知识和贫乏手段处理自己的事务。他将个别现象泛化，还将两个连续的事实联系起来形成因果关系——事后归因谬误，所以他会犯错误。婴儿对鞋子非常着迷和依恋，因为婴儿错误地认为鞋子能让自己具有行走的能力。同样，小外套就像童话故事中的魔毯，能把他带到一个奇妙的世界中——去散步。

我认为我也有权做出这样的假设。如果文学史学家有权推测莎士比亚创作《哈姆雷特》时的想法，那么教育家也有权做出一些假设。尽管这些假设可能是错误的，但在没有其他更好的假设的情况下，它们也许能起到一定的作用。

让我们继续往下：

房间里很闷热。婴儿的嘴唇十分干燥，唾液又黏又稠又少，他开始变得烦躁不安。牛奶不够解渴，此时他应该喝点水。但是他"不想喝"：他把头转过去，把勺子打飞。事实上，婴儿此刻想喝水，但他还不知道该怎么喝。他感受到渴望的液体后，剧烈摇晃着头部，寻找奶嘴。我用左手稳稳托住他的头，然后把勺子放在他的嘴唇上。现在他不是在"喝"，而是在"吸"水；他吸光了五勺水，然后安静地睡着了。如果用勺子喂水时动作笨拙，让婴儿呛水，产生不舒服的感觉，一两次之后孩子就会拒绝用勺子喝水。

第二个例子。

婴儿一直感到不适，时常躁动不安，但在大人给他喂奶、换尿布、洗澡或是频繁变换姿势的时候，他又会安静下来。这个婴儿往往患有恼人的皮疹。但有人告诉我孩子身上根本没有任何异样——罹患皮疹的迹象。现在也许是的，但症状可能很快就会出现。事实上，在两个月后，疹子确实出现了。

第三个例子。

如果有什么东西让婴儿感到不舒服，他就会吮吸自己的手；婴儿试图通过这种熟悉而有益的方式来缓解任何不愉快的感觉，包括因急切地期待自己需要的东西而产生的烦躁和不安。如果饿了或渴了，他就会吮吸拳头；吃得过饱、嘴里有讨厌的感觉、感到疼痛或正在发热、皮肤或牙龈正在受刺激的时候，他也会吮吸拳头。为什么医生能够预测婴儿什么时候长牙，而婴儿甚至在牙齿真正长出来的几周前就能明显感觉到下颌和牙龈有不舒服的感觉？这难道不是因为牙齿在生长时会刺激到位于骨头中的微小神经吗？在此我想补充一点，小牛在长角之前也会经受同样的痛苦。

这里面的逻辑顺序是：吮吸是一种本能；他通过吮吸来避免痛苦；吮吸成为一种乐趣的来源或不好的习惯。

*

我重申：婴儿精神生活的基调、核心，就是努力征服未知的力量，探索周围世界的秘密。这个世界既有好的一面，也有坏的一面。婴儿渴望获胜，渴望了解。

我再次强调：如果一个婴儿感觉良好，那么他进行客观研究就会更加容易——任何来自身体内部的不适感，尤其是疼痛，都会在婴儿易变的意识上投下阴影。为了证实这一点，我们可以在婴儿健康时和生病时分别观察他。

当感到疼痛时，婴儿不仅会尖叫，还会听到自己的尖叫声，

并感觉喉咙的震动。此时，婴儿会通过半睁的眼睛看到模糊的影像。所有这一切都充满敌意，来势汹汹，令人不知所措和难以理解。婴儿一定会把这类时刻留在记忆中，并对它们怀有强烈的恐惧感。另外，由于婴儿还没有自我意识，他们会将这些时刻与随机的影像联系起来。也许，我们能从中找到孩子产生不同喜好、恐惧感和怪癖的根本原因。

研究婴儿的智力发展是极其困难的，因为他一直在不停地学习和遗忘：这是一个重复出现进步、停滞和倒退的发展过程。婴儿感觉的不稳定性在这里起着重要的作用——甚至是最重要的作用。

婴儿会检查自己的双手。他伸直它们，左右挥动，将其中一只靠近脸部，又移远一些，张开手指，紧握成拳，对着它们说话，耐心等待着回答；他用左手抓住右手，开始拉扯；他抓住拨浪鼓并看着自己的手变成了一种陌生而奇特的形状，先把拨浪鼓放在一只手里，然后又放进另一只手里，用嘴检查拨浪鼓，然后立即把它拿出来，再次仔细地、专注地观察。他把拨浪鼓扔掉，开始拉扯被子上的纽扣。他开始调查为什么自己会遇到阻力,并尝试找出原因。你可能会说,孩子只是在玩。但是,难道你看不到孩子付出的努力和决心吗?你面对的是一个在实验室里的科学家,他正全神贯注地研究一个重要的问题,虽然这个问题远远超出了他的理解范围。

起初,婴儿通过尖叫来表达自己的意愿。但逐渐地,他会通过面部表情、手臂和手的动作来示意,最后——通过语言来表达。

*

我!

一个刚出生的婴儿用自己的指甲挠他发痒的地方;一个坐起来的婴儿抓着他的脚试图拉向嘴边,因为失去平衡突然倒下,于是愤怒地环顾四周寻找让他倒下的"罪魁祸首";他拉扯着自己的头发,小脸都因为疼痛而扭曲,但又再次抓住了头发;他用勺子敲打自己的头顶,然后抬起头去找那个他看不见,却又能感觉到的东西——这一切都说明,他还不认识自己。

他研究自己双手的动作;当他吮吸自己的拳头时,他会仔细观察;当他在母亲的怀抱中吃奶时,他会突然停止吮吸,并将自己的腿与母亲的乳房进行比较;当他蹒跚学步时,他会突然停下脚步,低头寻找那个以完全不同于母亲双臂的方式带他前进的东西;他比较自己穿着袜子的右脚和左脚的不同——这些说明他想要找出答案,他想要认识自己。

当他观察浴缸里的水，在许多无意识的水滴中发现了自己——一颗有意识的水滴时，他便隐约感受到了"我"这个简短词汇中所蕴含的深刻真理。

只有未来主义的图画才能为我们描绘出孩子眼中的自己：手指、拳头、双腿，甚至还有肚子和头部，不过它们只有模糊的轮廓，就像极地的地图一样。

认识自己的工作还没有结束。孩子转过身，想看看自己身后还藏着什么。他对着镜子审视自己，仔细观察照片，研究自己的肚脐眼和乳头。此时，他面临一项新的任务：他要在周围的环境中找到自己。母亲、父亲、男人、女人——有的人经常出现，有的人则偶尔才出现，还有许多神秘的人物——他们所代表的意义十分模糊，行为也很可疑。

他刚刚发现妈妈会满足或阻碍他的需求，爸爸会把钱带回家，阿姨会带来糖果，就已经开始在自己身上，自己的思想深处，内心的某个地方，发现一个全新的、更加奇特的、无形的世界。

在此之后，他将逐渐发现作为人类和宇宙一部分的自我。

这种发现会一直持续下去，直到他白发苍苍。

第二章 做『不扫兴』父母

第一节 孩子是什么

*

孩子是什么？仅从身体层面来看，他是什么？他是一个正在成长的系统。确实如此。但成长表现在许多方面，体重的增加和身高的增长只是其中的一部分。科学研究已经发现，孩子的身体发育并不是匀速进行的，存在缓慢发育期和快速发育期。此外，还有一个事实是，随着孩子身体的发育，他的身体比例也在发生着变化。

大部分人甚至对此一无所知。经常有母亲打电话给医生，抱怨孩子的脸色看起来不太好，体重下降了，小小的身体变得虚弱，脸和头都变得更小了。她不知道，婴儿在逐步进入幼儿期的时候会失去一些脂肪；她不知道，随着胸部的发育，头部在日益宽阔的肩膀的对比之下会显得更小；她不知道，四肢和体内器官的发育是不同步的；她也不知道，大脑、心脏、胃、头骨、眼睛和四肢骨骼的发育是有差异的。如果不是这样的话，一个完成发育的成年人就会变成一个怪物。他会拥有一个巨大的头颅，同时拥有一具矮小笨重的躯体；他无法用双腿来行走，因为它们过于肥硕。

我们利用了成千上万种测量方法，绘制了多种平均生长曲线图，但我们对发育提前或滞后的程度以及存在的偏差仍一无所知。因为，我们对孩子成长过程中身体结构的变化只是一知半解，对其背后的生理机制仍然一无所知；我们习惯于仔细检查生病的孩子，在最近才开始从远处观察研究健康的孩子。在过去一百年里，医院一直是研究孩子健康问题的主要场所，而教育机构尚未发挥这方面的作用。

*

孩子不知怎的改变了。他的内在正在发生某种变化。母亲虽不能完全说出这种变化是什么，但当被问及这种变化产生的原因时，她总是能迅速给出答案。

他在长牙后变了；在接种疫苗后变了；在断奶时发生了变化；从床上摔下来之后变了。

孩子本来已经会走路了，却突然不走了。他以前会嘟囔着要便盆，现在又开始尿床了。他什么都不吃，睡眠也不好，要么睡得太多，要么睡得太少。他变得喜怒无常，或精力过剩，或昏昏

欲睡——他变瘦了。

另一个阶段：孩子在被送去学校后变了；在乡下过完暑假回家后变了；出麻疹后变了；按医生的要求洗澡后变了；被火灾吓到后变了。他的睡眠和食欲发生了变化；他的性格也发生了变化：以前很听话，现在总是固执己见，以前很勤奋，现在总是心不在焉、十分懒散；他脸色苍白，弯腰驼背，还养成了一些不良习惯。他可能是结交了给他带来不良影响的朋友，也可能是学业上有了压力，或者只是身体不舒服。

在孤儿院工作的两年里，对孩子的观察（不是研究），让我确信，所有被称为青春期适应不良的现象，在孩子的成长过程中会出现好几次，只是在其他时期表现没那么明显，属于成长过程中的小转折点。它们对孩子的成长同样关键，只是通常不那么引人注意，因此尚未被科学界重视。

为了对孩子形成一个统一的认识，一些人试图将这些不适应现象解释为身体系统的疲劳。因此，他们提出了孩子需要更多睡眠、孩子对疾病的抵抗力低下、孩子的身体器官较为脆弱以及孩子的心理承受力差等观点。这些观点在一定程度上是正确的，但并不适用于所有发展阶段。通常，孩子会交替性地经历身体健康、充满活力和快乐，以及身体虚弱、疲倦无力和沮丧这两个时期。如果孩子在某个关键时期生病了，我们往往倾向于认为这种疾病已经在他体内潜伏了一段时间。但在我看来，疾病是在儿童暂时虚弱的时期发展起来的——要么是一直在等待最有利的时机发起进攻，要么是偶然从外部引入，又恰好没有遇到抵抗，于是顺利入住在孩子的身体里。

如果未来有一天，我们不再将生命人为地划分为各个周期——婴儿期、儿童期、青春期、成年期和老年期，那么我们研究生命时也将不再以生长发育和外在表现的发展变化，而是将身体系统整体的其他变化作为分类的依据，正如沙可①（Charcot）在其关于关节炎从摇篮到坟墓的两代演变论述中所呈现的那样。

*

我的。

最原始的感知思维究竟隐藏在哪里呢？或许它与"我"这一概念融为一体了。当一个婴儿的手被束缚时，他会奋力抗争，或许，这抗争不是为了"我"，而是为了"我的"。如果你从他手中拿走了他用来敲打桌子的勺子，你剥夺的并非一件物品，而是一种特质，他的手可以借助这种物质释放能量、以声音表达自我。那只手，不完全属于他自己，更像是阿拉丁神灯中听话的灯神，拿着一块饼干——一项新奇、宝贵的财产，孩子会尽全力去捍卫它。

在孩子的心目中，拥有财产的概念与增强力量的概念之间的联系有多深？对于原始人来说，一张弓不仅是他所拥有的财产，

---

① 让-马丁·沙可（1825.11.29—1893.08.16），法国神经学家，现代神经病学的奠基人，被称为"神经病学之父"。

更是他延伸的手臂，可以帮助他从远处打击目标。

孩子拒绝放弃他正在撕碎的报纸，因为他正在进行试验和练习，而报纸是原材料——就像手，本身不会发出声音，也没有味道，但与铃铛结合在一起就会发出美妙的声音，与白面包结合在一起就会让嘴巴尝到味道。

"给我吧，求你了，给我吧。"——这是一个迎合野心的请求。

"我可以给，也可以不给。"——这取决于我的感觉——因为那是"我的"。

第二节 随机分配的基因彩票

*

你看到那个奔跑、叫喊、在沙子里打滚的小孩了吗？有朝一日，他会成为一名杰出的化学家，并取得惊人的科学发现。这项成就将使他备受尊崇，为他带来地位和财富。就是这样，你眼前这个沉浸在玩乐中的小淘气包会突然陷入沉思，而后把自己关进书房里，最终成为一名科学家。谁能预料到呢？

再看看另一个男孩。他昏昏欲睡，漫不经心地看着同伴们玩游戏。他忽然打了个哈欠，站起身来。他要加入他们快乐的游戏吗？不，他又坐下来了。他也将成为一名杰出的化学家，并获得重大成果。这真令人惊叹，你能相信吗？

不，不管是那个胆大妄为的小淘气

包，还是那个昏昏欲睡的小家伙，都不会成为科学家。他们一个会成为体操教练，另一个将会成为邮局的职员。

把每一个不出类拔萃的人都视为无用的异类，是一种短暂的潮流、一种错误和一种愚蠢。我们患上了狂热追求不朽的病。成就不足以在城市中心的广场上竖立起纪念碑的人，希望至少能有一条以自己的名字来命名的小巷，好留下永恒的印记。如果死后不能在日报上刊登四栏讣告，那么至少也要有一句："一位忠诚的公仆……他的离开让我们感到十分遗憾。"

曾几何时，街道、医院和机构都以圣人的名字命名，这是合情合理的。后来，它们以君主的名字命名，这是时代的印记。如今，它们以科学家和艺术家的名字来命名，这是毫无道理的。现如今的人甚至为理念、无名英雄和那些没有留下任何可以被记住的东西的人竖立纪念碑。

孩子不是一张注定会中头奖——他的肖像出现在市长会客厅里，或是他的半身像出现在剧院的前厅里——的彩票。每个人心中都有一束火花，它可以点燃幸福和真理的火焰；可能在第十代，这火花才能爆发成天才的烈火，将自己的家族化为灰烬，给全人类带来崭新的太阳的光芒。

我们的孩子并不是一块被遗传翻耕好的土壤，可以供我们在上面播种。我们所能做的，只是帮助那些在他们出生之前就已经萌发的强壮幼苗继续茁壮成长。

新品牌的烟草和葡萄酒才需要宣传，人不需要。

＊

所以，我们真的要担心遗传的不可避免性、无情的宿命论、医学和教育学的无力吗？这些夸张的言辞听起来如同雷鸣。

在前文中，我把孩子比作写满字迹的羊皮纸，以及播撒了种子的土壤，但现在，这些比喻只会使人产生误解，所以我们先把它们放到一边。以现阶段的知识水平，我们面对与孩子有关的情况仍会感到无能为力，尽管这类情况比过去少了许多。以现阶段的生活条件，我们面对与孩子有关的情况仍会感到束手无策，但这类情况相对较少。

一个孩子，尽管有着强烈的向好意愿，也尽了最大的努力，但最终取得的成就十分有限。而另一个孩子，如果有着同样的向好意愿，付出同样的努力，可以取得很大的成就，但不利的生活条件阻碍了他。一个孩子从乡村、山区或海边的游玩中收获甚微，而另一个孩子则会受益匪浅，但我们无法为另一个孩子提供这样的机会。

当我们遇到一个因缺乏关爱、新鲜空气以及合适的衣物而萎靡不振的孩子时，我们通常不会责怪他的父母。但当我们看到一个孩子因过度医疗、过度喂食、过度保暖和过度保护以免受父母想象中的危险而变得脆弱不堪时，我们倾向于责怪他的母亲。在我们看来，只要她愿意去学习和理解，纠正抚养孩子过程中的错误行为就会很容易。但事实并非如此，她需要以极大的勇气去公

然反抗某个社会阶层或群体的规则——通过行动而不是徒劳的批评。如果一个母亲觉得给孩子洗澡、擦鼻涕是难事，那么另一个母亲则会觉得很难接受让孩子穿着破旧的鞋子、顶着脏兮兮的脸到处跑。如果一个母亲要含着眼泪把孩子从学校带走，送他去工厂当学徒，那么另一个母亲在不得不送孩子去上学时也同样会感到痛苦。

"孩子不上学就会被耽误。"——一位母亲边说边从孩子手中拿走了书。

"孩子上学才会被耽误。"——另一位母亲边说边给孩子买了一打崭新的练习册。

*

对大部分普通人而言，遗传是一个既定的事实，是一片笼罩在一切例外情况之上的阴影。而对科学来说，遗传则是一个正在研究的问题。有大量的文献致力于解答这样一个问题：如果父母患有肺结核，那么他们的孩子是一出生就患有这种疾病，还是仅仅具有较高的患病可能，抑或是出生之后才被感染？关于遗传，你是否考虑过这样一些简单的事实：除了遗传到父母所携带的疾病，孩子还会遗传到父母的健康；即使是兄弟姐妹，遗传状态也各有不同——"有的天生有资产，也有的一出生就在负债"。

第一个孩子是由健康的父母生育的。第二个孩子——如果父母感染了梅毒，那么他就是由患有梅毒的父母生育的。第三个孩子——如果父母又感染了肺结核，那么他就是由患有梅毒和肺结核的父母所生。他们将会是三个完全不同的孩子：一个没有负担，一个有负担，一个有双重负担。还有一种情况正相反，如果一个患病的父亲在生下一个孩子之后接受治疗，康复后又生下一个孩子，那么，两个孩子中，第一个就是病人的后代，第二个则是健康人的后代。

一个孩子有神经质的特征，是因为他的父母就是这样，还是因为他是由神经质的父母带大的？神经质和天性敏感之间的分界线在哪里？一个嗜酒如命的父亲生下了一个挥霍无度的儿子，是因为遗传，还是因为父亲"以身作则"教养出了这样的儿子？

"告诉我谁生了你，我就能说出你是什么样的人。"——这未必正确。

"告诉我谁养大了你，我就能说出你是什么样的人。"——这也不完全正确。

为什么健康的父母有时会生出体质孱弱的后代？为什么有时天才来自一个非常普通的家庭？在进行遗传领域研究的同时，我们还应该对教育环境进行调查。这样，或许才能够解开困扰我们的这些谜团。我所说的教育环境，是指家庭中占主导地位的精神氛围。家庭成员不能对孩子采取随意的态度。这种占主导地位的精神氛围会对孩子产生一种强大的、不可抗拒的引导作用。

第三节 好孩子不等于省事的孩子

*

我们应该注意不要把孩子的"好"和"省事"混为一谈。

有些孩子不怎么哭闹，不会让家长在夜里睡不着觉；他们对家长充满信任，总是表现得安静而平和，可以说是天性纯良。

而那些"坏孩子"则非常任性，时常无缘无故地吵闹，给家长带来的困扰远远多于给他们带来的欢乐。

但事实上，无论宝宝们的真实感受如何，他们都会因为遗传因素的影响而表现出不同程度的耐心。对一些婴儿来说，一分的不适感就足以引发十分的哭闹；而另一些婴儿，即便正经受着十分的痛苦，也只有一分的哭闹表现。

一种婴儿总是昏昏欲睡，动作懒散，吸吮的动作缺乏力量。哭声也有气无力且不带感情。

而另一种婴儿则截然不同，容易兴奋，动作有力，吸吮时急切，哭泣时脸涨得通红。

婴儿也可能会抽搐，喘不上气，需要迅速采取措施使其恢复；有时，让他恢复正常颇为艰难。我知道，这是一种病，我们往往会用鱼肝油、磷和无奶饮食来治疗。但是，这种病未必会阻碍他在长大后成为意志坚定、充满活力、极具智慧的人。拿破仑

还是个婴儿时也常常抽搐。

当今的教育方式都在致力于培养省事的孩子。它一步步地试图安抚、压制乃至摧毁构成孩子意志力、自由、骨气以及坚定诉求和目标的所有要素。

孩子变得有礼、顺从、温和、省心，却没人想到，这样的孩子内心缺乏意志力，在生活事务中也将变得无助无力。

*

村里有一个名叫贾德雷克的小男孩。他已经会走路了。他扶着房间的门框，小心翼翼地跨过门槛，来到了门口。他迈下两级石阶，来到户外后，开始手脚并用地爬行。在房子前面，他碰到了一只小猫：他们对峙了一会儿就分开了。他被一个小土块绊到了。于是，他停下来，仔细检查了一下这个地方。他找到了一根木棍，便坐下来，开始用这根木棍戳沙子。很快他又发现了一块土豆皮。他把土豆皮放进嘴里，感觉沙子在牙缝里打转，于是厌恶地把土豆皮吐了出来。他又站了起来，跑向他家的狗；狗把

他扑倒在地,他张开嘴,快要哭出来了,但随后又决定不哭;他突然想起了什么,现在他拖着一把扫帚走了过来。他看见母亲要去井边,就抓住了她的裙子。他感到安全,于是就这么跟着她走。一群大一点的孩子——他们推着一辆小车,他眼睛一眨不眨地观察着他们;很快,他们把他赶走了,他就站到不远处继续看着他们。两只公鸡在打架,他又站在旁边看着。那群孩子把他放进小车里,推来推去,直到小车翻倒。这时候,母亲叫他回家。就这样,一天中他能够自由活动的16小时已经过去了一半。

没有人一直不断地告诉他他还是个孩子,但他可以自己判断什么是能做到的、什么是做不到的。没有人告诉他小猫会抓人,或者他还太小不能自己下楼梯。没有人告诉他应该用什么态度去和大孩子们相处。"随着贾德雷克年龄的增长,从他的小木屋到他干活的地方的路变得越来越长。"(维特凯维奇[①])他跌跌撞撞,常常迷路;他会撞伤头,有时会伤得很重,还留下了疤痕。

当然,我并不建议用完全不关心来取代过度关心。我只是想说,村里一岁大的孩子已经开始实实在在地生活,而生活在城市的孩子还被乖顺地圈养着。他们对世界的探索什么时候才会开始?

*

布罗尼科想要开门。他推着一把椅子往前走。他停下来休息

[①] 维特凯维奇(1885—1939),波兰作家、画家。

了一会儿，但没有寻求帮助。椅子很重，他觉得有点累。他尝试先抓着椅子的一条腿拉，然后再换另一条腿。这项工作进展得更慢了，但也不那么吃力了。现在椅子已经很靠近门口了，所以他认为自己可以够到门把手了。于是他迫不及待地爬到椅子上，站了起来。我轻轻地抓住他的外套以免发生危险。他一瞬间失去了平衡，感到有些害怕，于是又爬了下来。他把椅子移到门边，更靠近门把手的那一侧。这是又一次失败的尝试。但他没有一丝不耐烦。他继续他的工作，但现在休息的时间更长了。他第三次爬上椅子，先抬起一条腿，然后用手抓住门把手，用弯曲的膝盖作为支撑点，瞬间整个人挂在了门把手上，但很快恢复了平衡。他再次尝试开门，但椅子的边缘阻碍了他，他脸朝下地摔倒在地。短暂地休息了一下，他将身体向前一挺，跪了起来，紧接着分开纠缠在一起的双腿，重新站了起来。

小人国的人生活在巨人国里是多么悲惨啊！永远要仰着脖子看东西，否则什么也看不见。窗户高高的，就像监狱里的一样。只有杂技演员才能爬到椅子上。必须调动全身的肌肉和意志力，才能最终够到门把手。

门终于开了——他长长地舒了一口气。即使是婴儿，在一次性消耗较多的意志力或较长时间高度紧张地集中精神后，也会发出这样如释重负的叹息。当你给他读完一个有趣的童话故事后，孩子时常也会发出同样的叹息。我希望你不要忘记这一点。

这一声深长的叹息证明，在孩子将呼吸放缓之前，他的呼吸已经变得微弱且不足。孩子盯着某个事物，屏住呼吸，等待着，观察着，直到氧气耗尽，组织细胞中毒。此时他的身体立即向呼吸中枢发出警报，为了让身体机能恢复正常，他的身体让他发出这样一声深长的叹息。

如果你知道如何评估孩子的喜悦及喜悦的程度，你会很容易发现，对于孩子而言，最大的快乐源于克服了某项困难、达到了某个目标、揭开了某个秘密。这种快乐是胜利的自豪感以及独立、熟练和掌控带来的幸福感。

"妈妈在哪里？""她不在这儿了，快去找她吧。"

孩子终于找到妈妈了。为什么他笑得那么开心？

"快跑，换妈妈来抓你了！""你抓不到我！"多么幸福啊！

为什么孩子总想自己爬，自己走，或者在被大人牵着手时试图挣脱？这里有一个很常见的场景：一个小男孩正在蹒跚学步，走得离保姆远了些，然后看到保姆在后面急急忙忙地追他，于是他开始逃跑。他无视了潜在的危险，盲目地向前跑，沉浸在获得自由的狂喜中——最终，他不是跌跌跄跄摔倒，就是被抓住——此时他会又踢又叫，试图挣脱。

你会说：这是孩子精力过剩的表现。生理层面的原因的确占一部分，但我要讲的是心理生理学层面的部分。

请扪心自问：为什么孩子喝水时想要自己拿着杯子，甚至希望妈妈连一下都不要碰？为什么孩子原本不想吃东西了，但如果让他自己用勺子，他就会再吃几勺？为什么他那么乐意去吹灭火柴，帮爸爸拿来拖鞋或者帮奶奶拿来脚凳？这只是单纯的模仿吗？不，这些现象背后存在着更重要、更珍贵的东西。

"我自己能行"——他通过手势、眼神、微笑、哀求、愤怒和泪水呐喊了无数次。

*

"你知道怎样开门吗？"我问一位我的小病人，他的母亲曾告诉我说他害怕医生。

他急切地回答："我会，我连厕所的门都打得开。"

我不禁笑出声来。男孩感到很尴尬，但我更尴尬。我从他口中套出了一个秘密的胜利，却把它当成了笑料。不难想象，当家里所有的门都向他敞开的时候，只有一扇门——厕所的门，让他费尽心思却无法打开，于是它成了他想要攻克的目标；他就像一名年轻的外科医生,梦想着能做一台高难度的手术。

他不愿向任何人倾诉,因为他已经意识到,他藏在内心世界里的东西在他周围的人那里不会找到任何共鸣。

也许他有时会被斥责,或者被怀疑地盘问:"你在那儿干什么?你在忙什么呢?别乱动,你会弄坏它的。马上回你的房间去!"于是,他只能鬼鬼祟祟、偷偷摸摸地尝试,直到最终打开了困扰自己已久的那扇门。

你有没有注意到,当门铃响起时,常常会听到这样的请求:"让我来开吧!"

首先,大门上那个特有的锁很难打开;其次,孩子会有一种感觉,那就是一个大人站在紧锁的门后束手无策,等着他这个小不点儿来帮忙。

这就是孩子的一个小小胜利,他们梦想着遥远的航行,想象着自己是荒岛上的鲁滨孙,但事实上,仅仅是被允许向窗外张望就能让他们感到快乐。

"你能自己爬到椅子上吗?""你会单脚跳吗?""你能用左手接球吗?"

孩子忘记了我是个陌生人,忘记了我很快就要检查他的喉咙,给他开难喝的药方。我利用超越尴尬、恐惧和敌意的情感,让他开心地回答:"我能。"

你有没有观察过一个孩子故意地把袜子或鞋子穿上又脱下时的样子?做这一切的时候,他十分有耐心,神色紧张,眼神专注。这既不是游戏,也不是模仿,更不是消遣,而是工作。

当他三岁、五岁、十岁的时候,是什么在滋养他的意志力呢?

*

请允许孩子犯错,并且允许他们快乐地改善自己的行为。①

孩子天然地想要大笑、奔跑、恶作剧。老师啊,如果生命对你来说是墓园,请别干涉孩子,让他们把生活看作牧场。也许你自己是个穿着粗毛布衣的苦修者、忏悔者,尘世的幸福对你而言已荡然无存,但是你至少要对孩子露出睿智、宽容的微笑。

在这里——必须为玩笑、恶作剧、恶意、诡计和天真的错误营造出宽容的氛围。这里没有空间给铁一般的纪律、岩石般的严肃、冷硬的要求和无情的信仰。

每当我响应修道院的钟声,我就会偏离正道。

相信我,寄宿学校的生活之所以如此乏味,是因为我们设定了过高的理想标准。无论你如何努力,你都无法在类似军营的生活中培养出绝对的正直、怯懦的纯洁,或对邪恶毫无察觉的完美的天真。

在你的学生中,你偏爱那些正直、忠诚且温和的孩子,难道不是因为你明白生活将会严苛地对待他们吗?

---

① 本书选取了一些章节,内容为作者对老师和寄宿学校提出的忠告,希望为家长带来启迪。

热爱真理，就能不用了解谬误所循之路吗？你难道希望，当世界已狠狠打击了理想时，孩子才突然觉醒？那么，当他发现你的第一个谎言时，难道不会立刻停止相信你所有的真理吗？

当生活需要孩子具备利爪时，我们只给孩子羞愧的红脸和轻声的叹息作为武器，这样对吗？

你的职责是培养人，而非羔羊；是培养劳动者，而非传教士——培养身心健康的人。而健康的人既不会多愁善感，也不会盲目虔诚。就让那些虚伪的人骂我不道德吧。

*

保持安静。

孩童的喉咙、肺腑与心脏里贮藏的惊叫，总要在迸发时被截去大半。乖巧的孩子将尖叫压抑在可能的限度内。

沉默——是课堂的准则。

午餐时禁止喧哗。

卧室内不得吵闹。

孩子们试图轻声表达躁动，这种努力甚至令人动容。他们小心跑动，生怕碰倒桌子，压抑的动作令他们几乎眼眶含泪；他们互相避让、迁就，唯恐引发争执或骚动，否则又将听见那句可憎的话："保持安静！"

院子里也不许喊叫，因为会打扰邻居。而这一切，只因城市里每一寸土地都如此昂贵。

"这儿不是荒野"——这句讥讽之言，是对无处可去的孩子施以的残忍暴行。

若允许他们在草地上嬉闹，便不会有嘶吼，只有如人类雏鸟般可爱的啁啾。即便不是全部，大多数孩子天性喜爱运动和喧闹，健康的身体与健全的精神正依赖于自由地奔跑与呐喊。而你明知如此，却必须厉声呵斥：

"不许动！"

你总在犯同样的错误：对抗孩子正当的倔强——"我不愿意！"

不愿睡觉，即便钟声已响，但夜空迷人，星河灿烂；

不愿上学，因为初雪刚降，万物雀跃；

不愿起床，因为外面天气寒冷，天色阴郁；

——"不吃饭也行，只要让我踢完这场球。"

——"绝不向老师道歉，她罚得不公。"

——"不想做愚蠢的算术题，我要读《鲁滨孙漂流记》。"

——"不穿短裤，他们会笑话我。"

你说:"你必须这么做。"

有些命令你是愤怒而不坚定地下达的,因为你也不过是规则的遵循者,无从违抗。

"听着,孩子,我从不下达草率的指令。你不仅要服从我,更要服从那些制定严苛的不公条例的无名众人。"

学习、尊重、服从!

"我不愿意!"这是孩子灵魂的呐喊,而你必须压制它,因为人类如今生活在社群,而非丛林。

你必须如此,否则一切都会乱套。

你越温柔地化解倔强,就越能高效、彻底、无痛地确保社群必需的纪律与维护最基本的秩序。但若温柔化解失败,便是灾难。

若无组织与纪律,唯有少数非凡的孩子能顺利成长,多数孩子将荒废湮灭。

第四节 犯错了也没关系

*

平凡却值得注意的一幕。

两个走路依然有点摇摇晃晃的小孩相遇了,一个手中有球或零食,另一个则扑上前去,想要把他手中的东西拿走。

当妈妈看到自己的小孩试图强行从别人手中夺走某样东西,或者牢牢抓住自己的东西,不肯分享时,她会对自己的小孩感到不满。因为孩子若是偏离了公认的标准、既定的行为准则,会让家长脸上无光。

在我们提到的情境中,有三种可能的发展。

一个孩子试图把东西抢走,另一个惊讶地看向母亲,期待她解释这令人难以理解的状况。

或是,一个试图抢走,但是棋逢敌手——被抢的孩子把东西藏了起来,把"强盗"推倒在地。母亲们跑过来帮忙解决纠纷。

或是,两个孩子互相打量,小心翼翼地接近彼此,一个试探性地伸出手,另一个不是很用心地防卫。很长一段时间后,冲突才真正爆发。

两个孩子的年纪、人生经验在此扮演着重要的角色。有哥哥姐姐的孩子习惯保护自己的权益和物品,甚至偶尔会主动发起

攻击。但抛开所有这些细节不谈,我们在此可以看到两种人的类型:主动型和被动型。

"他很善良,什么都愿意拿出来分享。"

"他好笨,让人予取予求。"

不。这既不是善良也不是愚笨。

*

温柔、生命力较弱、意志力不强、举止温和,这样的孩子往往会避免突然的动作、剧烈的体验和较为困难的事情。但做得越少,孩子所了解的事实真相就越少。因此,他不得不更加信任别人,服从于他人的时间也更多。

他的智力价值更低吗?不,只是不同而已。由于习惯被动,他较少受到挫折和令人烦恼的错误的影响,也就相应地缺乏与之相关的痛苦经历;而一旦这样的孩子获得了一些经验,就可能会更好地记住它们。主动的孩子会遭遇更多的挫折和失望,但可能更快地忘记这些教训。前者做得更少、更慢,但可能在心中更彻底地消化一切。

与被动的孩子相处起来更容易。这样的孩子哪怕被独自留在婴儿车里也不会掉出来,也不会因为一点小事就惊动家里的每一个人。当他哭泣时,他很容易被安抚;他不会过分固执,破坏和毁坏东西的次数也更少。

"给我。"——他没有反抗。"放进去,拿出来,放开它,吃下去。"——他都照做了。

这里有两个场景。

一个孩子已经吃饱了，但碗里还剩一勺粥，他必须喝完，以完成医生规定的进食量。他不情愿地张开嘴，懒洋洋地把食物含在嘴里咀嚼，过了很久，才费劲地吞咽下去。另一个孩子，如果不饿，就会紧闭嘴巴，猛烈地摇头，把碗推开，把粥吐出来，想尽办法抵抗。

那么，如何教育呢？

以这两种截然相反的孩子类型为依据来评判某个孩子，就好比通过描述水蒸气和冰的特性来确定水的品质。在摄氏温度计上，我们的孩子应当处于什么位置？当然，母亲可以判断出孩子身上的哪些特质是与生俱来的，而哪些是后天教育的成果——母亲应该牢记，任何通过强行灌输、施加压力和使用强迫手段而获得的东西，都是不持久的、不确定的、不可靠的。当一个顺从、乖巧的孩子突然变得固执、不听话时，我们不应该因为他暴露了自己的本性而大发雷霆。

*

一条重要的原则：让孩子犯错吧。

我们不应该试图阻止孩子的每一个行为，不必在他们每一次犹豫时都将其拉回正轨，也不应该在每个失误发生时都急于去救场。要记住，当真正的考验来临时，你可能并不在孩子身边。

让他犯错吧。当孩子尚稚嫩的意志与激情发生冲突时,就允许它被征服吧。记住,与良心的交锋会锻炼和发展孩子的道德力量。

让他犯错吧。因为如果他在童年时没有迷失过,一直被监护和保护着,没有学会如何与诱惑抗争,那么他长大后就会因为缺乏机会犯错而成长为一个被动遵守道德的人,而不是凭借自我约束的力量主动这样做的人。

不要说:"我讨厌作恶的人。"而应该说:"我对你犯错一点也不感到惊讶。"

记住:孩子有权说谎、欺骗、敲诈、偷窃。同时他也没有权利说谎、欺骗、敲诈、偷窃。①

如果孩子小时候从来没有偷偷地从蛋糕里挑出葡萄干并享用它们,那么他长大后就不会诚实。

"我为你感到羞耻。"你在说谎。"我鄙视你。"你也在说谎。"我从没想过你会这样……所以连你都不能信任了吗?"没有预料到是你的失败,因为你无条件地信任他。

你不是称职的教育者,因为你甚至不知道孩子是人。

你之所以愤怒,不是因为你偶然发现了孩子面临危险,而是因为你所在的机构、你的教育理念和你个人的声誉都受到了威胁:你只关心自己。

---

① 这里指的是孩子有权探索这些行为的边界,但不应实际去做。

*

在一篇名为《荣耀》的儿童故事中，我允许其中一个主角去偷东西，当时无人提出异议。我在这么写之前犹豫了很久，但确实没有其他办法。从性格上来讲，他意志坚定，想象力丰富，对未知的事物充满了好奇，所以他必须去偷一次。

孩子之所以会偷，是因为他渴望得到某样东西，而这种渴望超出了他的自控力。

孩子会偷东西的情况有很多：当某样东西很多，拿走一个也不会造成什么影响时；当他不知道谁是主人时；当他自己也被抢过东西时。他既可能出于需要而偷，也可能因为有人怂恿而偷。他偷的东西可能是一块小石头、一颗坚果、一块糖纸、一块羊肉、一个火柴盒，或者一块奇形怪状的红色玻璃。

在某些情况下，如果对小偷小摸的行为持宽容态度，那么所有的孩子都会这么做。那些小而无价值的东西既像私有的也像共有的。

"给你一些碎布片，拿去玩吧。"如果孩子们因此争吵起来怎么办？"别吵了。你有很多，也给他一个吧。"

孩子捡到了一支坏掉的笔并把它交给了你。"拿着，扔掉吧。"他又捡到了一张破旧的照片、一段绳子、一颗珠子。如果这些东西可以扔掉，那么把它们装进自己的口袋也是合情合理的。

渐渐地，一支钢笔、一根针、一块橡皮、一支铅笔、一个顶针，甚至是放在窗台上、桌子上、地板上的任何物品，都在某种程度上变成了共有财产。如果在一个家庭中，这类事情会引发上百次争吵，那么在一个机构里，每天就会发生成千上万次这样的争吵。

解决这个问题有两种方法。第一种——恶劣的做法——是禁止孩子们保留任何"垃圾"。第二种——正确的做法——是让每件物品都有主人。无论捡到什么，都应该归还，即使它的价值很小或根本没有价值。每一件放错位置的东西都应该立即寻找主人。

这样，孩子就知道什么能做、什么不能做。而现在只有第一种小偷小摸的情况存在，毕竟不仅仅是坏孩子偶尔会受到诱惑。

第五节 保护好奇心和想象力远胜于物质堆砌

*

为什么吃还没成熟的水果会让我胃痛?健康是在胃里还是在大脑中?健康是灵魂吗?为什么狗可以没有灵魂地生活,而人失去灵魂就会死?医生会生病吗,会死吗——为什么?为什么所有的伟人都死了?真的有活着的写书的人吗?所有的国王都死了——他们一定是生病了吗?女王有翅膀吗?密茨凯维奇是圣人吗?牧师见过神吗?鹰能一直飞到天堂吗?神会祈祷吗?天使们在做什么——他们睡觉、吃饭、打球吗?谁为他们做睡衣?魔鬼遭受着极大的痛苦吗?是不是魔鬼在毒蘑菇里放了毒?如果神对坏人不满,为什么我们还要为他们祈祷?当神出现在摩西面前时,他非常害怕吗?

为什么爸爸不祈祷——是神告诉他不需要吗?闪电是奇迹吗?空气和神一样吗?为什么我们看不到空气?空气是瞬间填满空瓶子还是逐渐进入空瓶子的——它是怎么知道瓶子里没有水的?为什么穷人更爱骂人?如果雨不是奇迹,为什么没有人能让天下雨?云是由什么组成的?

那些告诉孩子"没有神",并认为这有助于他们理解周围世界的父母(拜托,不要称他们为进步派)注定会失望。如果没有神,那么一切是如何被创造出来的?我死后会发生什么?第一个人是从哪里来的?不祈祷就会像野兽一样生活,这是真的吗?爸爸说没有天使,但我亲眼见过一个。如果杀生不是冒犯神的罪过,为什么杀人是错的?即使是鸡也会感到疼痛啊!

孩子同样有许多疑惑和焦虑的问题。

*

"我想要,我就能拥有;我想知道,我就能知道;我想做到,我就能做到。"这三个分支源于意志力这一主干,而其根源则是两种感觉:满足与不满足。

婴儿努力地去了解自己和周围的世界,无论是有生命的事物还是无生命的事物,因为这关系到他的幸福。在问"这是什么"时——无论是用语言还是眼神,他要知道的是对这个事物的评价,而不是它的名称。

"这是什么?"

"坏的,扔掉它,恶心,别碰它。"

"这是什么?"

"一朵花。"——然后是一个微笑,一个温和的表情,这是认可的标志。

每当孩子对某个中性事物提出问题,只得到其名称,而没有通过表情获得带有感情色彩的定性时,他都会惊讶地看着母亲,好像很失望,并不断重复这个名称,拖长音调,不确定应该拿这个答案怎么办。孩子必须等到稍微成熟一些之后，才能理解除了合心意与不合心意的事物，还存在许多中性的事物。

"这是什么？"

"棉花。"

"棉——花？"他紧紧盯着母亲的脸，等待母亲给予一些暗示，以帮助他确定对这个新事物的看法。

如果我和一个原住民结伴穿越丛林，发现一株结有陌生果实的植物，并向他表示我的无知，他大概会猜测我的意图，然后通过喊叫、做富有表现力的鬼脸或是微笑来回答我——这是有毒的、这是美味的食物，或者这是无用的、不值得装进行囊的东西。

孩子所问的"这是什么"，意思是"它是什么样的东西，它有什么用处，我能利用它做什么"。

第六节 当孩子读童话时他们在读什么

*

我们通常会在孩子极度兴奋或表现出与我们不同的行为时注意到他们,而往往会忽略他们平静的情绪、沉默的沉思、深沉的情感、痛苦的惊讶和令人痛苦的怀疑——在这些方面,他们与我们如此相似。孩子不仅在单脚跳跃时是"真实的",在探索童话中奇妙的生命奥秘时也是"真实的"。我们只需要排除那些机械地重复从成年人那里学来或借用来句子的"人造"孩子。孩子无法像成年人一样思考,但他们可以用孩子的方式考虑成年人的严肃问题。由于缺乏足够的知识和经验,他们注定会以和我们不同的方式思考。

一次,我在讲述一个童话故事:巫师、恶龙、仙女、被施了魔法的公主。突然,一个看似幼稚的问题冒了出来:"这是真的吗?"

然后,我听到其中一个孩子以一种优越的语气解释说:"你没听老师说这是童话故事吗?"

故事中的角色和情节并非绝无可能:它们都有可能发生。童话故事之所以缺乏现实感,只是因为我们预设了它不是真实的。

语言,本应解开包围世界的忧虑和困惑,实际上却加剧了无知的广度和深度。过去，生活中只有琐碎的个人日常需求，只需要一定数量的明确答案。如今，新的广阔生活已经将孩子卷入了一个问题的旋涡——昨天的和明天的，近前的和遥远的。孩子没有时间去思考，甚至没有时间去看清这些问题。理论知识与日常生活脱节，并超出了验证的可能性。

在这里，性格——主动型和被动型——会转化为不同的思维类型：现实型和反思型。

现实型的孩子根据权威的意志选择相信或不相信。相信是阻力最小的选择，它有其优势。反思型的孩子则会询问、推断、否认、在思想和行动上做出反抗。我们倾向于将前者无意识的谬误与后者致力于求知的决心相提并论，这是一个错误，它阻碍了诊断，并使教育上的治疗变得无效。

在精神科诊所，一名速记员会记录下病人的独白和对话；在未来的儿科诊所中，人们也将这样记录儿童的表达。今天，我们仅根据儿童提出的问题来开展工作。

*

童话里的生命。

一则关于动物王国的童话。海里有能够吞噬人类的鱼，这样的鱼比船还要大吗？如果它吞下一个人，这个人会窒息吗？如果它吞下一个圣人呢？如果没有船沉没，它们吃什么？普通的鱼是如何在海里生活的？为什么不是所有的鱼都会被捕捞到？它们的

数量很多吗，有一百万吗？人能用这样的鱼造一艘船吗？有没有大洪水之前就存在的鱼？

为什么蜜蜂有雌性蜂王，没有雄性蜂王——它死了吗？如果鸟儿知道飞往非洲的路，那么它们就比人类更聪明，因为它们从未学习过。为什么它被称为蜈蚣——如果它没有一百条腿，那它到底有多少条腿？所有的狐狸都狡猾吗，它们能改变吗，为什么它们是这样的？如果有人折磨和殴打自己的狗，狗还会保持忠诚吗？为什么一只狗扑向另一只狗时，人不能看？被做成标本的动物曾经是活的吗？人也可以被做成标本吗？蜗牛是不是很不舒服？把它从壳里拿出来，它会死吗？为什么它湿漉漉的，它是鱼吗？当你说"蜗牛，露出你的角"时，它听得懂吗？为什么鱼是冷血动物？为什么蛇蜕皮时不会痛？蚂蚁之间会说些什么？

如果蜘蛛网被破坏了，蜘蛛会死吗？它会从哪里得到丝来织一张新网？小鸡是如何从蛋里出来的？蛋需要被放在地底下

吗？鸵鸟吃石头和铁，它如何把它们排泄出来？骆驼怎么知道它需要储存多少天的水？鹦鹉完全不懂自己所说的话吗？它比狗更聪明吗？为什么不能把狗的舌头稍微剪短一点，使它能说话？鲁滨孙是第一个教鹦鹉说话的人吗？学习如何教鹦鹉说话难吗？

一则关于植物的多彩童话。

树木会生长、呼吸和死亡。一棵橡树从一颗小橡子中生长出来，一朵小花变成了一个梨，你能看到这个过程吗？衬衫会从树上长出来吗？老师在学校里是这样说的，他还以神的名义发誓，事实是这样吗？父亲说："不要胡说八道。"母亲说："衬衫的布料不是来自树上，而是来自生长在地里的亚麻。"而在学校，老师说这不是算术课的主题，她会在另一个时间解释。所以这不是谎言，哦，要是能看到这样的树就好了。

与这样的奇迹相比，龙又算什么呢？世上没有龙，但也可能曾经有。如果世上没有龙，克拉库斯是如何杀死龙的？如果世上没有美人鱼，为什么它们会出现在图画中？

*

童话里的人。

是否存在拥有玻璃眼睛的人？他们能取出自己的眼睛吗？他们能用这样的眼睛看东西吗？假发是用来做什么的？为什么秃头的人会被取笑？是否有人通过肚子说话，是通过肚脐眼说话的吗？肚脐眼的作用是什么？耳朵里真的有鼓吗？为什么眼泪是咸

的，海水也是咸的？为什么女孩的头发那么长，身体某些部位也与男孩不同？蘑菇会长在心脏上吗？为什么要在愚人节送别人画有心脏上长蘑菇的卡片？人一定会死吗？我在来到这个世界之前在哪里？女仆说，有人可以用眼神让你生病，但如果你吐三次口水，你就不会生病。打喷嚏时鼻子里发生了什么？疯子是生病了吗？醉汉也是生病了吗？哪个更糟糕呢，是成为醉汉还是成为疯子？为什么我现在还不能知道孩子是如何来的？传说有人上吊的话会刮风，这是真的吗？失明和失聪哪个更糟？应该在奶奶去世时更伤心,还是弟弟去世时更伤心?为什么金丝雀去了天堂?

继母必须打孩子吗?母乳和牛奶是同一种东西吗?如果你梦到某件事,它是真的发生了,还是只是看起来像发生了?是什么让头发变成红棕色?为什么女性没有丈夫就不能生孩子?吃有毒的蘑菇和被毒蛇咬,哪个更糟糕?站在雨中真的会让人长得更快吗?回声是什么,为什么我在树林里能听到它?为什么当你把手弯成管状并通过它向外看时,能看到整座房子?房子是怎么进去的?影子是什么?为什么你无法摆脱它?女孩被有胡子的男人亲吻后,真的会长胡子吗?牙齿上有虫子,只是我们看不见,对吗?

*

童话里的权威。

孩子的世界里,存在着众多的神灵、半神和英雄。这些权威被分为可见的与不可见的、有生命的与无生命的,其等级体系极为复杂。

可见的、有生命的权威:父母、祖父母、叔伯姨舅、家中的仆人、警察、士兵、国王、医生、成年人、牧师、老师,以及更有经验的同学……

可见的、无生命的权威:十字架、《托拉》经卷、教义问答手册、圣人画像、祖先肖像、伟人纪念碑、陌生人的照片……

不可见的权威:神、健康、灵魂、良知、逝者、巫师、魔鬼、天使、鬼魂、经常被提及的远亲……

　　权威要求服从——这一点孩子能够深切地理解，尽管这种理解伴随着痛苦。同时，权威还要求爱，这对于孩子来说是一个更为艰难的要求。

　　"我更爱爸爸和妈妈。"小孩子用难以理解的答案来回应难以理解的问题。

　　大一点的孩子则无法容忍这样的问题：这种问题令他们感到屈辱和尴尬。有时他爱得深沉；有时他爱得没那么强烈；有时他就爱一点点，但足够应付；有时他恨，是的，这很可怕，但无法改变。

　　尊重是一种如此复杂的情感，以至于孩子有时不得不放弃个人的决定，转而依赖长辈的经验。

　　母亲对女仆发号施令，女仆害怕母亲；母亲对家庭教师生气；母亲必须询问医生是否允许做某件事；警察可以惩罚母亲；同学不必听母亲的话；老板责备了父亲，所以父亲闷闷不乐。

　　士兵害怕军官，军官害怕将军，将军则害怕国王，这一切都是可以理解的。也许这就是为什么男孩们对军衔如此感兴趣，而孩子们对学校里不同年级的孩子怀有不同程度的尊重，也很容易理解了。

　　在可见的与不可见的权威之间的中介值得极大的尊重。牧师可以与神交谈，医生与健康有着某种秘密的交易，士兵与国王有着某种关系。

然而，有些时候，受人尊敬的是能用小刀雕刻出人偶的牧羊人：母亲、将军和医生都做不到这一点。

*

阴暗的童话，神秘的贫穷。

为何饥饿？为何贫穷？为何受冻？为何买不起东西？为何没有钱？为何他们不对他说"可以"？你说："贫穷的孩子身上很脏，他们说话粗鲁，头发里有虱子。贫穷的孩子患有疾病，你很可能会从他们身上感染某种疾病。他们打架，扔石头，戳人眼睛。记住不要进到院子或厨房里：那里没什么好玩的。"

但生活呈现给我们另一番景象："他们根本没有病，整天快乐地跑来跑去，喝井里的水，买美味的彩色糖果。一个男孩充满活力地把扫帚挥来挥去：他打扫院子，清理积雪，感到非常愉快。他们的头发里没有虱子，他们不扔石头，不戳人眼睛，不打架，只是摔跤。粗鲁的话听起来很有意思，厨房比客厅有趣一百倍。"

你告诉孩子："穷人应该被珍惜和尊重，他们是善良且勤劳的。我们应该感谢厨师为我们准备饭菜，感谢看门人保持房子的整洁。和看门人的孩子一起玩吧。"但生活说："厨师杀了鸡，我们明天会吃它，妈妈也会吃，因为煮熟后它就不会感到疼痛了。可厨师是在它还活着的时候杀了它，妈妈甚至不敢看。看门人淹死了几只小狗，它们那么可爱。厨师的手很粗糙，她常把手浸入

脏水中忙活。不是'女士'而是'女小贩';不是'先生',只是'看门人'。贫穷的孩子身上脏兮兮的,你给他们看什么东西,他们立刻就会说'给我',如果你不给,他们就会扯掉你的帽子、嘲笑你,甚至朝你吐口水……"

即使一个孩子没听说过坏巫师的故事,当他走近一个老乞丐,要给对方一便士的时候,他也会感觉到害怕。孩子知道,在这里,他也没有被告知一切,背后或许有一些丑陋的东西,他们不想或不能解释。

第三章 不和孩子成为『对立星人』

第一节 缺乏注意力是孩子的天性

*

农夫的眼睛专注地盯着天空和大地,他了解大地孕育出的果实和大自然的造物能力,还知道人类统治的界限。马可能跑得快,可能跑得慢,可能胆小,可能活泼;母鸡可能下蛋,可能不下蛋;奶牛可能产奶,可能不产奶;土壤可能肥沃,可能贫瘠;夏天可能多雨,冬天可能无雪——农夫会遇到各种情况,其中一些情况可以通过细心呵护、辛勤劳作或是用鞭子鞭策来稍作改变或大幅改善,但也有另一些情况是他也无能为力的。

城镇居民却往往把人类的力量想得过于强大。今年的马铃薯收成不好,但市场上仍然可以买到马铃薯——只不过价格贵一些。冬天到了,城镇居民穿上自己的毛皮大衣;下雨了,他们穿上了长筒雨靴;干旱了,街道被洒了水以降尘。任何东西都可以买到,任何突发情况都有应对之策。孩子脸色苍白——"去找医生";孩子在学习上遇到了困难——"去找家庭老师"。至于书籍,它们一味地告诉人们如何做,营造出了一种错觉——一切问题都可以解决。

要如何才能让人们相信,孩子的天性是不可改变的。就像法国人说的,如果一个人患有皮疹,虽然他可以通过化妆让皮肤变白,但皮疹本身并不能被治愈。

我非常想让一个瘦弱的孩子长胖一些。我慢慢地、小心翼翼地去尝试,并且我成功了:我让他增加了两磅体重。但是,只要一点小伤小病,比如感冒或不合时宜的灌肠,就足以让这个孩子失去费了很大力气才增加的这微不足道的两磅体重。

为贫困儿童举办的夏令营。那里有阳光、树木和河流,他们会感受到生活的快乐、精致和美好。他们昨天还像远古时代的小野人,今天就变成了有体育精神的孩子。害羞、胆怯、拘谨的孩子,在夏令营度过一周后,变得大胆、活泼、积极主动,时不时放声高歌。有时,孩子每小时都会发生肉眼可见的变化;有时,孩子一周一变;偶尔,孩子完全没有发生变化。这无关奇迹,而是孩子身上原本就存在的特质,一直在等待一个合适的契机展现。而如果孩子原本不具备这些特质,就不会展露出变化。

我教一个发育迟缓的孩子数数:两根手指、两颗纽扣、两根火柴棍、两枚硬币。他已经能数到五了。但如果我换一种方式提问,或者改变说话的语气和手势,他就会再一次陷入困惑。

一个患有心脏病的孩子,性格温和,行动、说话和微笑都显得缓慢。他容易气短,稍微剧烈一点的动作都会引发咳嗽、不适和疼痛。这是无法避免的,所以他只能接受。

如果一个女人能够做出某些牺牲和奉献,那么成为母亲会让她变得高尚;如果一个女人打着关心孩子幸福的幌子,将孩子变成自己野心、喜好和不良嗜好的牺牲品,那么成为母亲这件事实际上是在让她变得堕落。

我的孩子是我的财产、我的奴隶、我的小宠物狗。我挠他的耳朵，抚摸他的后背，给他系上漂亮的丝带。我带着他散步。我训练他，让他变得既聪明又有礼貌。但如果他淘气惹恼了我，我就会说："你自己去玩吧。""去上你的课。""该睡觉了！"

治疗癔症的建议大致是这样的：

"您说您是一只公鸡。那好吧，您就做一只公鸡吧，只要您不打鸣就行。"

"你的脾气真急。"我对一个男孩说，"那好吧，如果你一定要打人，那就打吧，但是不要太用力；如果你一定要发脾气，那就发吧，但记得，一天只能发一次。"

我向你们保证——这短短的一句话，已经概括了我所采用的教育方法。

*

据说，孩子在认识和感知新事物的过程中，无法长时间专注于任何事情。他甚至厌倦玩耍；一小时前的朋友现在变成了敌人，但再过一会儿，他们又会重新成为朋友。

一般来说，这些观察结果是正确的：孩子在火车上表现得不像他自己；他被要求坐在公园的长椅上时，会变得焦躁不安；在拜访他人时，他往往会给你惹麻烦；他很快就会把喜欢的游戏丢到一边；在课堂上，他坐立不安；即使在剧院里，他也无法一直安静地坐在座位上。

然而，想想看，在一趟火车旅行中，他既兴奋又疲惫；在公园里，他被迫坐在长椅上；在拜访他人时，他感到不自在；玩具或玩伴都是别人帮他选好的；上课是一种义务；而他想去剧院，只是期望他会在那里度过一段快乐的时光。

我们自己又何尝不是这样的孩子：给猫绑上蝴蝶结，把它当作同伴，给它看一些图片，然后在这只忘恩负义的动物狡猾地尝试溜走，或是绝望地挥舞爪子挣扎时感到惊讶。

在聚会上，孩子总想四处看看。他想弄明白那个放在桌子上的盒子是怎么打开的，在角落里闪闪发光的是什么，那本厚厚的书里究竟有没有画。他想伸手去抓鱼缸里的小金鱼，想随意地吃糖。但他不会表露出任何一个愿望，因为那样做是不合适的。

"我们回家吧。"这个不懂礼貌的孩子说……

大人曾告诉他聚会上会有很多好玩的东西：小旗子、烟火、表演——他一直期待着这些东西，然后一点一点变得失望。

"怎么样，你玩得开心吗？"

"还不错。"——他打着哈欠或克制着哈欠说，以免伤害到别人的感情。

暑期夏令营。我坐在树林里给孩子们讲童话故事。正当故事讲到一半时，一个男孩站起来走开了，接着第二个、第三个孩子也起身离开。我百思不得其解，于是第二天我问他们为什么要这样做。第一个孩子说他把一根木棍忘在了树丛里，在我讲故事的

中途他才想起来——他害怕有人会把那根棍子拿走;第二个孩子说他的手指受伤了,很疼;第三个孩子说他不喜欢奇幻故事。如果一个成年人觉得剧目无趣,或者身体的某个部位疼痛,抑或发现自己把钱包落在了大衣口袋里,难道他不会站起来离开剧院吗?

一方面,我有充分的证据表明,孩子可以一连好几个星期甚至好几个月专注于一件事,并且不会渴望改变。最喜欢的玩具永远不会失去吸引力。同一个故事,孩子会饶有兴致地听无数次。另一方面,我也可以提供证据证明,母亲会对孩子这样单一的兴趣感到不耐烦。经常有这样的母亲找到医生,要求"给孩子安排更多样化的饮食吧,孩子已经厌倦了麦片和水果汁"。

我不得不向她解释:"是你厌倦了这些东西,而不是孩子。"

*

孩子们应该被赋予自由,以便他们所有心智能力能够和谐发展,潜能能够充分发挥,能在尊重美德、善良、美好和自由的环境中成长。天真的想法——你可以试试看!社会给了你一个"小野人",需要你去打磨,让他变得可以被社会接受。那个"小野人"正在等待。同时在等待的还有国家、教会和未来的雇主。他们提出要求,等待并观察着。国家要求孩子爱国,教会要求孩子有信仰,雇主要求孩子诚实,而所有这些要求的背后是对孩子平庸和顺从的期望。太过倔强的孩子会被打压,过于温顺的会被虐待，淘气的偶尔会被贿赂，贫穷的孩子总会在路上遇到障碍。这些障碍是谁放置的呢？不是任何人，而是生活本身。

孩子有权渴望、要求和询问。他有权成长、成熟，并在成熟后结出果实。而教育的目的，却是让孩子学会不吵闹，不磨损鞋子，听话并按照吩咐行事，不批判而是相信大人所做的一切都是为了他好。

和谐、善良、自由——这就是"爱你的邻人"的教诲。看看这个世界，然后笑一笑吧。

第二节 别忘记孩子缺乏经验

*

缺乏经验，下面举个例子并尝试做出解释。

"妈妈，我想和你说件事，别让别人听见。"他拥抱着妈妈，神秘地在她耳边低语，"妈妈，问问医生我可不可以吃面包卷（糖果、果酱）。"

通常，孩子会在提出问题的同时看着医生，冲他露出迷人的微笑，企图贿赂他，让他同意。年纪稍大的孩子会在母亲耳边低语，而年纪小一些的孩子则会毫无心机地用正常音量说话。

到了某个时刻，周围的大人觉得孩子已经到了足够懂事的年纪，可以对他进行道德方面的引导时，就会告诉他："有些愿望是不应该说出来的。不该被说出来的愿望分为两种：一种是根本不应该产生的，如果产生了，就应该羞愧地藏在心里；另一种愿望是可以说出来的，但只能在家庭范围内说。"

一再坚持自己的要求是不好的，同样，吃过一颗糖果后，再要一颗是不对的。还有一些时候，主动要糖果吃也是不合适的，应当等着别人主动给你。

尿裤子是不好的，但在公共场合说出"我想尿尿"也同样是不好的，因为大家会笑话。为了避免被笑话，这种事需要对着别人的耳朵悄悄地说。

有时，让所有人都听到自己提出的问题也是不妥的："为什么那位先生头上没有头发？"那位先生笑了，其他人也都笑了。这样的问题应该对着别人的耳朵悄悄地去问。

起初，孩子不明白，需要用耳语来传达的内容应该只进入被倾诉的人的耳朵里。所以，他虽然把嘴凑近别人的耳朵，但仍用正常的音量说："我要尿裤子啦"或者"我想要一块蛋糕"。虽然他压低声音说话，但是他不明白为什么要这样做。为什么要对每个人都会从妈妈那里知道的事情保密呢？

不应该随便问陌生人问题——那么，为什么问医生就可以呢？

"为什么那只小狗的耳朵那么长？"——一个孩子用尽可能低的声音问道。

又是一阵笑声。这个问题可以大声问，因为小狗不会觉得被冒犯。然而，令人糊涂的是，问一个女孩为什么穿这么难看的裙子却是不对的，明明裙子也不会感到被冒犯。

如何让孩子理解，这一切的背后有多少成年人的虚伪呢？

以后又该如何告诉孩子，为什么说悄悄话本身就是违反社会规则的行为呢？

*

他好奇地环顾四周，热切地倾听，并且相信接收到的回答。

"苹果，阿姨，花朵，奶牛"——他相信。"漂亮的，美味的，好的"——他相信。

"那是不好的，别碰，你不可以，你不准"——他相信。

"亲一下，行个屈膝礼，说一句谢谢"——他相信。

"我可怜的宝宝撞到了头，过来，妈妈亲一下就不疼了。"他破涕为笑，妈妈亲了他，他就不疼了。他又撞到了，于是他跑向妈妈，向她取"药"——妈妈的吻。他毫无保留地相信。

"你爱妈妈吗？""我爱……"

"妈妈在睡觉，她有些头疼，不要去打扰她休息。"

于是他悄悄地踮着脚走到床边，小心翼翼地拉着妈妈的袖子，低声问了一个问题。他没有吵醒妈妈，他只是想提问，然后他说："继续睡吧，妈妈，你头疼。"

"宝贝，神就在我们头顶上的某个地方。神会对淘气的孩子生气，但好孩子会得到香喷喷的面包和蛋糕。"

一个全身穿着纯白色衣服的奇怪男人走在街上。

"妈妈，他是谁？"

"面包师,他会烤香喷喷的面包和蛋糕。"

"是吗?那他就是神,对吗?"

"爷爷去世了,人们把他深深地埋在了地下。""埋到地下?"我故作疑惑地问,"那他要怎么吃饭呢?""他们会用锄头把他挖出来。"孩子回答。

孩子说:"奶牛会产奶。""真的吗?"我将信将疑地问,"那奶牛是从哪里得到奶的呢?""从井里啊。"孩子回答。

孩子之所以相信,是因为每次他试图自己弄明白什么事都未成功——所以他必须相信别人。

*

他失手将玻璃杯掉落在地上。一件极为奇怪的事发生了。玻璃杯不见了,取而代之的是完全不同的东西——分散的、危险的、再也装不下任何东西的玻璃碎片。他弯下腰,用手捡玻璃碎片;他被割伤了,一阵剧痛袭来,鲜血从指尖涌出。一切都充满了神秘与惊喜。

他推着椅子往前,突然什么东西在他眼前一闪,椅子被拽了一下,然后轰然倒地。现在椅子看起来和刚才不一样了,而孩子发现自己坐在了地上。他再次感觉到疼痛和恐惧,这是一个充满奇遇与危险的世界。

他拉着毯子,试图从毯子下面挣脱出来。失去平衡时,他抓住了母亲的裙子。尝试着爬上床时,他抓住了床沿。现在他的经验更丰富了，他一把抓住桌布，将它从桌子上扯了下来——又是一场不折不扣的灾难。

他寻求帮助，因为他自己一个人没有办法完成，任何独立的尝试都以失败告终。他感到自己需要依赖他人，并开始变得不耐烦。

即使他完全不相信大人，或者将信将疑，因为过去他曾屡次上当受骗，他也仍然会听从大人的建议。就像一个没有经验的雇主只能信任一个不诚实但不可或缺的雇员，他别无选择；就像一个瘫痪的病人必须接受他人的协助，并忍受男护士的冷漠和坏脾气。

我想强调的是，任何形式的无助、任何因为缺乏知识而产生的惊讶、任何在应用过去经验时犯的错误、任何失败的模仿以及任何的依赖行为，都让人容易联想到孩子，无论个体的年龄如何。我们很容易在病人、老人、士兵和囚犯身上发现孩子般的特征。农村人来到城市、城市人来到乡村时产生的惊奇感都与孩子一样。无知的门外汉会问出孩子气的问题，而暴发户则会在富人阶级中表现得像孩子般不够圆滑。

*

孩子模仿大人。

孩子仅凭模仿就学会了说话，学会了遵循大多数人类习俗。孩子努力营造出对成人环境十分熟悉的印象，尽管他实际上无法理解成人。成人在精神上与他格格不入，他们的精神世界远远超出了他的想象。

我们在评判孩子时犯下的最基本的错误，源于这样一个事实：孩子的重要想法和感受消失在了他们借用的某些词语中。他们并不能确定这些词语的含义、细微差别和使用语境，在使用这些词语时赋予了它们完全不同的内涵。

未来、爱、祖国、神、尊严、责任——这些概念被语言固化。它们有着自己的生命，出生、成长、变化，或增强，或减弱。它们在人生的不同阶段意味着不同的事物。我们要花很大力气才能避免把孩子口中的"山"（一堆沙子）与阿尔卑斯山上白雪皑皑的山峰混为一谈。然而，对于已经深入研究过人类语言本质的人而言，孩子、青少年和成人之间的差异，以及普通人和思想家之间的差异，都将不存在，而一个超越社会背景、教育程度和文化修养的智者将会出现，他能够基于经验进行推理，无论经验多还是少。拥有不同信念的人（我指的不是那些虚伪的、迫于压力而被迫接受的政治观念），不过是具有不同"经验骨架"的人。

孩子不理解什么是未来,不知如何爱他的父母,脑海中没有祖国的概念,不理解什么是神,不知道尊重任何人,也不知道责任和义务是什么。他会说"等我长大了",但实际上他并不相信真的会有这么一天。他称呼母亲为"亲爱的妈妈",但并不会认为祖国意味着"公园"或"后院"。①神要么是一个好叔叔,要么是一个令人讨厌的牢骚鬼。孩子佯装尊敬下达命令并监督执行的人,履行被赋予的各种职责。他记得,命令并不一定意味着威胁,也可能是恳求或一个温柔的眼神。有时孩子会有预感,但这些只是短暂而迷人的灵光乍现的时刻。

我们说孩子在模仿。但当一个旅行家被一位官员邀请参加当地的仪式或官方活动时,他会怎么做呢?他会直视前方,尽量让自己不显眼,不引起任何骚动;他掌握了流程和内容,并为如此出色地扮演了自己的角色而感到自豪。当一个粗俗的人被允许参加绅士聚会时,他会怎么做呢?他会努力做出符合那个场面的行为。家仆、职员或官员——他们难道不会模仿他们上级的言语、手势、微笑、穿着,甚至胡须的形状吗?

模仿还有另一种表现形式:如果一个小女孩在跨过街上的水坑时稍稍提起裙摆,那是为了表示她已经长大了;如果一个男孩模仿校长的签名方式,从某种意义上说,他是在测试自己是否有

---

① 此处指儿童对世界的理解是从具体事物(如"妈妈""公园")逐渐过渡到抽象概念(如"爱""祖国")的,孩子可以用亲昵的称呼("亲爱的妈妈")表达情感,但尚无法将"祖国"这一抽象概念简化为具体场所(如"公园"或"后院")。

能力胜任一份责任重大的工作。这种模式在成年人中也很常见。

*

儿童看待世界时的自我中心主义是他们缺乏经验的另一种表现。

儿童的自我中心主义会从个人逐渐过渡到家庭，这种转变持续的时间取决于他的成长环境。我们夸大家庭的意义，以及让儿童意识到在我们的帮助和照顾范围之外，潜伏着想象中的和现实中的危险。这往往会让儿童产生一种对家庭的错误观念。

"留在这儿和我一起住吧。"——他的姨姨说。

孩子紧紧抱住母亲，眼里含着泪水；没有什么能让他愿意留下来。"他太离不开我了。"母亲说道。

孩子惊奇又惊恐地看着其他孩子的母亲，她们甚至不是他的姨姨。

但总有一天，孩子会开始冷静地比较他在其他人家里看到的东西与自己所拥有的东西。起初，他只想家里有和别人家一样的娃娃、花园或者是金丝雀。但随着时间的推移，他开始意识到还有其他"妈妈"和"爸爸"——可能一样好，甚至更好，谁知道呢？

"如果她是我的妈妈……"贫民窟里的孩子和乡村家庭里的孩子通常会更早地有这种想法。他知道了那些无法与人分享的悲伤，以及那些只能让最亲近的人感到快乐的喜悦，并且他很清

楚，他的生日只对他自己来说是节日。

"我爸爸……在我们家……我妈妈……"孩子们在争吵的过程中，往往会频繁地提及自己的父母。这类话语更多时候是争吵时的套话，但有时，它也是一种悲剧性的辩护：尽管孩子的内心有所怀疑，但他仍然选择相信。

"你等着，我要告诉我的爸爸。"

"我才不怕你爸爸。"

这确实是真的：只有我才需要害怕我的父亲。

我倾向于将儿童对当下生活的看法描述为自我中心主义，因为缺乏经验，他们只生活在当下。一个游戏一周没玩就变得陌生了。夏天时，冬天变成了一个遥不可及的传说。被要求把一块蛋糕留到"明天"时，孩子会认为他已经失去这一美味了。孩子很难理解物品磨损了并不意味着它们变得毫无用处了——磨损只是缩短了物品的使用寿命，使它们更快地接近报废。对于孩子来说，母亲少女时代的故事就像是迷人的童话故事。孩子会感到惊讶，甚至惊恐，当他听到一个陌生人用亲昵的称呼叫自己的爸爸。

"我那时还没出生……"

还有青少年的自我中心主义：世界难道不是从我们站立的地方开始的吗？

党派、阶级和民族的自我中心主义。有多少人能将自己的认知水平提高到全人类的高度，认识到自己是全人类的一分子，是浩瀚宇宙中的一个单元？有多少人曾难以接受地球只是一颗行星，并且这颗行星还在围绕着太阳运转？大部分人更是深信，虽然这与现实相悖，惨无人道的战争不可能在20世纪重演。

我们对待孩子的态度，不正是成人自我中心主义的一种表现吗？

我花了很长时间才意识到，孩子能够清楚地记住事情，并且能够耐心地等待。我们犯下许多错误都是因为我们忽略了这样一个事实：我们是在与被强制、被奴役、被压迫的孩子打交道，他们被伤害、感到痛苦并想要反抗。我们需要付出相当大的努力去理解他们真正的样子，以及他们可能成为的样子。

*

孩子的观察力。

在影院的银幕上，电影正播放到紧张的时刻。突然，一个孩子喊道："哦，看哪，闯进来一只小狗……"没有人注意到这只狗——但这个孩子注意到了。

类似的情况还会发生在剧院、教堂以及其他正式的场合中，这类突发情况几乎都会让孩子的家人感到极度的惊慌不安，而让其他人的脸上露出善意的微笑。

孩子无法理解整体内容，也无法理解那些对他来说难以理解的主题，因此当他发现一些熟悉而亲切的东西时，会感到欣喜若狂。还记得我们在一群陌生人中看到一张熟悉的面孔时是多么高兴吗？当我们独自待在陌生的环境中的时候，我们也会感到不自在。

孩子渴望活动。他会深入每个角落，窥探每一条缝隙，一旦发现感兴趣的东西，就会欣喜地提出问题。他最感兴趣的通常是一只蚂蚁——它像一个会移动的小点，一颗闪闪发光的珠子，偶然听到的一个词或一句话。当我们身处陌生的城市，身处不熟悉的环境中时，我们表现得多么像孩子……

孩子对周围的每个人都了如指掌，知道他们的脾气、习惯和弱点，也能巧妙地利用这些知识。他能感受到别人的友善，看穿他人的虚伪，也能敏锐地发现一些可笑的特征。他看着一个人的脸，解读这个人的情绪，就像农夫看向天空就能预测天气一样。孩子也在教室和宿舍里观察和学习了多年；这种了解我们、评判我们的本事是他们齐心协力培养起来的。对于这一切，我们却选择视而不见，直到我们从自满中被惊醒。我们宁愿选择自欺欺人，认为孩子是天真的，什么都不知道，什么都不懂，很容易就会被我们蒙骗，把影子当成真实的存在。但采取任何不同的态度都会使我们面临两难的选择：要么放弃我们优越的姿态，要么从我们自己身上剔除那些在儿童眼中有辱人格、可笑、降低身份的东西。

第三节 孩子也有被尊重的权利

*

从精神层面来看，儿童与我们成年人在哪些方面存在差异？他们有哪些特点和需求，又有哪些潜在的可能性是我们未曾注意到的？这些与我们生活在一起，却又悲剧性地被划分到"另一半"的人，究竟是什么样的？我们总是要求这一半人承担起人类明天的责任，却不给予他们今天应有的权利。

如果我们把人类分为成年人和儿童，把生活分为童年阶段和成年阶段，那么我们会发现：儿童在人类和生活中占据了极大的比重。由于我们通常专注于自身的奋斗和困扰，我们往往忽视了儿童的存在，正如我们曾经没有看到女性、农民、受压迫的社会阶层和受压迫的民族一样。我们为自己安排好了一切，让儿童尽可能不来妨碍我们，甚至不让他们有机会了解我们的真实面貌和所作所为。

在巴黎，我在一家儿童之家看到了一段楼梯，配有两道扶手：较高的给成年人用，较低的给小孩子用。设计出这种楼梯扶手后，发明者的聪明才智就走到了尽头，因为他紧接着就设计了单一类型的课桌。这实在是不够，远远不够。看看那些给孩子的破旧的游乐场，附近的水泵上还挂着一个用生锈铁链拴着的粗制

滥造的水杯,而这一切都发生在欧洲的贵族花园里。

那些为儿童——未来的人类——提供服务的房屋、公园、工厂车间、实验田地在哪里?提供给他们的劳动和学习工具又在哪里?多一扇窗户,多一条将教室与厕所分隔开的走廊——建筑上可以做到这些;用油布制成一匹玩具马和一把锡质军刀——工业上可以做到这些;墙上贴彩色印刷品和剪贴画——这些不难做到。这听起来像是一个童话故事,但它并不是我们幻想的产物。

就在不久之前,我们亲眼见证了女性摆脱了男性的妾侍这一角色。好几个世纪以来,女性被迫接受强加给她们的角色,男性自私地把她们塑造成符合他们期望的模样。男性不愿看到和承认,女性也是社会中的劳动者,正如今天他们仍然看不到儿童也是社会的劳动者一样。

儿童就像演技精湛的演员,他们有一百个面具,能扮演一百个角色。在母亲面前是一个样子,在父亲、祖母或祖父面前又是另一个样子,在严厉或宽容的老师面前表现不同,在厨房是一种模样,和其他孩子在一起时又是另一种模样,面对富人和穷人时表现不同,

平时和过节时也不一样。他们既天真又狡猾，既谦逊又高傲，既和善又记仇，既乖巧又任性。他们总能成功地伪装自己，并很好地维持所扮演的角色，以至于总能成功地欺骗和利用我们。

就本能而言，他们只缺少——或者更准确地说，他们拥有这种本能，但它暂时还像星云一样零散分布——性的预感。

在情感领域，他们凭借未经训练、不受约束的力量超越了我们。在智力领域，他们至少与我们相当，只是缺乏经验。这就是我们常常会发觉，成年人表现得像个孩子，而孩子又像成年人的原因。所有其他差异几乎都能归结为他们现在赚不到钱，必须依赖我们生活，因此必须服从我们的意志。

如今，有些儿童之家虽然不那么像军营或修道院了，但变得更像医院了。虽然它们是卫生方面的典范，但在其中你看不到微笑、快乐、惊喜或嬉戏；它们非常沉闷，即使不算肃穆，也显得阴森压抑，有种独特的氛围。建筑家们还没有注意到，现代建筑中几乎不存在"儿童风格"。建筑物的外观、比例都是按照成人的尺寸设计的，细节之处也透着冰冷。法国人说拿破仑用军鼓声取代了修道院教育的钟声。确实如此。在我看来，当今社会，工厂的汽笛声正压在教育的精神之上。

*

请注意。

要么我们现在就达成共识，要么我们就此分道扬镳。现在，我们要用坚定的意志力，抓住每一个试图逃跑和躲藏的念头，摁住每一种摇摆不定的感觉，让它们以战斗的姿态排列整齐。

我在此呼吁制定一部关于儿童权利的大宪章。儿童的权利可能更加丰富，我在此先列出我发现的三个儿童最基本的权利：

1. 儿童拥有死亡的权利。
2. 儿童拥有享受当下的权利。
3. 儿童拥有成为他自己的权利。

我们应该学会充分了解孩子，以便在我们赋予孩子这些权利的时候尽可能少地犯错误。错误是不可避免的。我们不应让恐惧阻止我们：只要我们不削弱孩子的一种宝贵能力——他们自身所拥有的强大的防御机制，孩子就会以惊人的警觉性来纠正错误。

我们给孩子吃了太多食物或给孩子吃了不适合的食物，比如太多牛奶或一颗坏鸡蛋——他会呕吐；我们给他提供了超出认知的信息——他无法理解；我们给他提了一个无用的建议，这与他的性格不合——他不会听从。我这样说绝不是夸大其词：我们无法强迫孩子屈服于教育影响，无法强迫他们接受那些违背常识和健全意志的教条式说教，这对人类来说是非常幸运的事。

在我内心深处，还有一点尚未明确，也尚未通过推理证实，那就是儿童首要的且无可辩驳的权利是表达思想的权利，是积极参与我们对他的考虑和决定的权利。当我们赢得了他的尊重和信任，当他自愿向我们吐露心声，告诉我们他有权做什么的时候——教育中的困惑就会减少，相应的错误也会减少。

*

孩子们说谎。

当他们感到害怕时，当他们知道真相不会被揭露时，当他们感到羞愧时，当你试图强迫他们违背自己的意愿或荣誉感说出真相时，当他们觉得说谎是正确的做法时，他们会说谎。

"谁打翻了它？"

"是我。"如果孩子确信你只会情绪稳定地说"拿块抹布把它擦干净吧"，顶多加上一句"真是笨手笨脚的"，他就会在你提问的时候轻松坦白错误并解释原因。

如果他知道老师会深入调查，并决心查明真相，他也会坦白严重的过错。例如，有人在一个不受欢迎的男孩的床上倒了水，没有人承认。我说，除非有人有勇气承认，否则谁都不能离开宿舍。一小时过去了，大一点的男孩们干活的时间已经到了，所有人很快都要去吃早餐了。他们将在宿舍里吃早餐，不用去上课，去干活的人已经迟到了。宿舍里出现低语声。有一群人显然与此事无关，其他人则处于不同程度的嫌疑之中。也许他们在猜测谁可能是罪魁祸首，也许他们已经知道了，也许他们正在说服他坦白一切。

"老师……"

"是你吗？"

"是的，老师。"

没有必要惩罚，这样的过错不会再次发生。

允许孩子保留他的秘密，赋予他说"我知道，但我不会说"的权利，这样他就不会说谎。

允许孩子说出自己的真实感受，即使这些感受不符合信仰准则。

*

我们不应该要求孩子做出个人牺牲或集体牺牲。

辛勤工作的父亲、患有偏头痛的母亲、疲惫不堪的老师——我们偶尔如此或许能激起孩子们的情感共鸣，但如果反复如此，永久如此，就会令孩子们感到厌倦、无聊，甚至恼怒。我们可能会通过恐吓，让孩子看见我们的脸上出现一丝痛苦或不悦时，就低声说话，踮起脚走路，但这样的行为是出于对我们的恐惧，而非依恋。

他们会因为老师遇到麻烦而表现出同情和关心，但这种情况应该很少发生，只是例外。

而我们成年人呢？我们是否总是屈服于老年人的心血来潮、过时的观点和糊涂的想法？

我相信，许多孩子之所以抵触美德，是因为他们被不断地灌输美德方面的理念，而且被灌输得太多了。让孩子自己慢慢发现无私的必要性、美好和甜蜜吧。

每次我提醒孩子们他们对家庭、对弟弟妹妹应承担的责任时，我总是担心自己在犯错误。他们不需要鼓励就会把在学校抽奖活动中赢得的照片或糖果带回家。他们乐于看到弟弟快乐，或者也许只是像成年人一样，有某种想要贡献的愿望。

一个孩子从学校的储蓄银行里取出一卢布，给妹妹买了一双鞋，真是个好孩子！但他知道钱的价值吗？也许这只是一种姿态？不是行为而是动机，揭示了孩子的本性、道德品质和潜力。

*

我们利用自己的权威，强迫孩子们感恩、尊敬我们。但孩子们的感受是各不相同的，他们各自以自己的方式去感知这些。

他们尊敬你，可能是因为你有一块手表，你收到过一封带有外国邮票的信，你被允许携带火柴，你可以晚睡，你可以用红墨水签名，你有一个带专利锁的抽屉，你拥有成年人的所有特权。而他们很少因为你的学识而对你有敬意，因为他们总能在其中找到一些不足："你会说中文吗？你能数到十亿吗？"

老师会讲神奇的故事，但保姆和厨师讲的故事更吸引

人。老师会拉小提琴，但朋友能把球打得更高。心地善良的孩子对一切都感到印象深刻。而那些更挑剔的孩子则拒绝向我们的智慧或道德低头。成年人会说谎、欺骗，他们表里不一，还会做出卑鄙的逃避行为。如果他们不偷偷抽烟，那只是因为他们可以公开地抽。他们可以做任何他们想做的事。

你越是努力维护自己的权威，所取得的效果就越差。你越是小心翼翼，就越难抓住孩子们的心。如果你不是完全可笑、完全无能，不为了讨好孩子而装傻、谄媚和偏袒，他们就会以他们自己的方式尊敬你。

他们自己的方式是怎样的，我不知道。他们会嘲笑你又高又瘦、又胖又秃，嘲笑你额头上的痣、颤动的鼻孔、笑的样子、驼背的样子。他们还会模仿你，假装自己很瘦或很胖，颤动鼻孔。让他们在亲密的、特殊的时刻，在难得的友好交谈中，说出他们对你的真实看法。

"你真奇怪。有时我喜欢你，但有时我真想给你一拳。"

"你说的话似乎都有道理。但当我仔细一想，我发现你这么说只是因为我们是孩子。"

"我们永远也猜不到你对我们真正的看法。"

"我们不能笑你，因为你只是偶尔好笑。"

*

孩子会努力——我要补充一点，他有权这么做——去充分利用他所拥有的每一项优势，将他人的注意力集中在自己身上，让他们关注自己的外表、技能、记忆力、口才、声音以及背景。如果我们不认同并阻碍他，我们将招致他的怨恨，因为他会怀疑我们是在恶意刁难他，甚至是在嫉妒他。

"这是我们的百灵鸟，我们的体操健将。"也许最好不要这么说？也许这会宠坏他？但也许，这只是鼓励他大胆表现，因为他为自己的好声音或敏捷的身手而感到自豪。当然，更不恰当的做法，是直接对孩子说："就因为你唱歌好听，你就以为你爸爸是州长，就可以想做什么就做什么？"或者："你以为你咧咧嘴就能骗得了我吗？""你带着吻来是因为你想要什么吗？"虽然这些可能是事实，但你自己不也是这样行事的吗？

难道你不会用自己的好记忆力来弥补想法的不足，或者用智慧来弥补糟糕的记忆力吗？难道你不会试图用迷人的微笑来获得服从，因为你不能或不愿使用威胁手段吗？难道你没有试过用亲吻来改善情况吗？

难道你没有隐藏过自己的缺点和坏习惯吗？

那么，为什么你要剥夺孩子连你自己都在争取的权利，特别是你已经拥有年龄和权力的巨大优势了？

绝大多数孩子还没有形成才智，他们用小聪明来替代。正如洛克所说，小聪明是才智的模仿者。你为孩子提供的发展条件越好，这些"模仿者"就能越快地成长为真正的人。

第四节 孩子的游戏王国

*

无聊,一个值得深入研究的课题。

无聊——孤独,缺乏刺激;无聊——刺激过多,周围过于喧闹。无聊——"你应该这么做""等着""小心""你太调皮了"。无聊——穿着最好的衣服却感到不安、困惑,还得面对各种命令、禁令和义务。

半无聊——坐在阳台上;望着窗外;与不合拍的玩伴一起玩游戏。

无聊——像发烧一样,来势汹汹,漫长而煎熬,让人痛苦不堪,往往还伴随着各种情况的恶化。

无聊——情绪低落;天气过热或过冷;饥饿,口渴,吃得过多;困倦或睡得太多;疼痛和疲倦。

无聊——冷漠,对刺激无动于衷,缺乏活力,沉默寡言,生命力下降。孩子早上起床时昏昏欲睡,走路时弯腰驼背,慢吞吞地拖着脚步,伸着懒腰,回答问题时模仿他人,使用单音节词汇,含糊不清,做鬼脸。他没有任何要求,但对任何向他提出的要求都充满敌意。他偶尔会突然爆发愤怒情绪,动机不明,让人难以理解。

无聊——坐立不安（活动增多）。他无法静静地坐着，一刻也不行，也无法长时间专注于任何事情；他任性，不守纪律，不听话，怀有恶意，攻击他人，纠缠他人，令人反感；他哭闹，发脾气。有时，他甚至会故意挑起事端，仅仅是为了在预期的惩罚中享受受罚的感觉。

我们经常可以看到持续的恶意——伴随着意志力的枯竭；精力过剩——伴随着倦怠感的加剧。

有时，无聊还会表现出类似集体精神病的特征。因为无法组织起任何游戏，或是害羞，或是年龄或性格不合，或是受到特殊环境的影响，他们陷入了毫无意义的疯狂的喧闹之中。

他们大喊大叫，互相推搡，绊倒或撞倒对方，在原地不停地转圈直到头晕目眩。他们互相挑衅，强迫自己发笑。通常，一些意外会打断这场"游戏"：一场打斗、一件被扯破的夹克外套、一把被摔坏的椅子、比预想中更重的一击，随后是一片混乱和相互指责。有时，有人会制止这场骚乱："别再闹了"或"你们怎么了，你们真该为自己感到羞耻"。某个精力充沛的人会掌握局面。接下来大家开始讲童话故事、一起歌唱或聊天。

我担心的是，一些教师可能会将这些罕见的、由严重的群体性无聊引发的病态状态视为孩子们"任性胡为"的普通游戏。

*

即使是由报纸专栏作家介绍的儿童游戏，也未被认为值得进

行深入的临床研究。

我们应该记住，不仅儿童会自娱自乐，成年人也会。儿童并不总是有心情玩耍，而且并非一切我们所说的游戏，本质上都属于游戏。孩子们玩的许多游戏都是他们对成年人的严肃行为进行的模仿。在空旷的乡村里玩的游戏与在城市或房间里玩的游戏是不同的。对于孩子们的娱乐活动，我们必须接受一种与他们当前社会处境不同的观点。

一个球。

仔细观察一个年纪较小的孩子，看他如何努力捡起一个球，让它在地板上朝他期望的方向滚动。

再观察另一个年龄稍大一些的孩子，看他如何集中注意力，试图用右手或左手接住球，让球在地板上弹跳几下，或者用球棒击球，把球踢到门柱之间。谁能把球扔得最远、最高、最直，谁连续击球的次数最多？这其中有竞争，有通过和他人比较来评估自己，有成功和失败，还有自我完善。

这个游戏还充满了惊喜，而这些惊喜往往带有喜剧色彩。球明明就在手里，却突然滑了出去；它弹到其中一个男孩的身上，然后又恰好掉到另一个男孩的手中。为了接球，两个男孩撞了个满怀。球掉到了衣柜下面，然后又乖乖地自己滚了出来。

这个游戏中还有激动人心的时刻。球掉在了一块珍贵的草坪上——把它捡回来是有风险的。球丢了——这得开始寻找了。球差点打破窗户。球掉在了衣柜顶上，怎样才能把它弄下来？大家一起商量。是他用球砸到了什么东西，还是另有其人？这是谁的错？是扔球的人，还是没接住球的那个人？孩子们开始了一场激烈的争论。

孩子们还会在游戏中展示各种技巧和创意。有的假装扔球，误导别人。有的看着一个人，却把球扔给另一个人。有的以一种巧妙的方法把球藏起来，让别人以为球不在他手里。有的扔球时对着球吹气，让球飞得更快。有的在接球时故意摔倒。有的试着张嘴去接球。有的球传给他时他假装害怕。有的假装受到了重击。有的一边拍打球，一边说："笨球，我来教训你！"有的假装球内发出嘎嘎的响声，摇晃着球，专心致志地听着。

有些孩子虽然自己不会玩这个游戏，但他们喜欢像大人看别人打台球或下棋那样，观看其他人玩游戏。在这里，观察者可以看到有趣的失误和巧妙的动作。游戏的益智性只是其吸引人的众多特点之一。

*

游戏与其说是孩子的一种活动方式，不如说是唯一允许孩子或多或少发挥主观能动性的领域。在参与游戏时，孩子会在某种程度上感到自己是独立的。其他一切都是暂时的恩惠，暂时的让步，而游戏则是孩子的权利。

孩子玩扮演马、士兵、警察和强盗、消防员的游戏，通过看似有目的性的行动来释放能量；在短暂的时间里，他无意地沉浸在幻想中，或有意让自己逃避沉闷的现实生活。因此，孩子非常喜欢与那些想象力丰富、能想出各种各样的点子、从书本中获得许多有趣想法的朋友一起玩游戏。他温顺地服从这些同伴往往趋于专制的统治，因为他们能给朦胧的幻想增添更有说服力的现实表象。孩子在玩耍时有大人或陌生人在场，他会感到局促，他为自己的游戏感到羞耻，因为他深知其实际上只是空虚的幻象。

在孩子的游戏中，对现实生活的不足有多少苦涩的认识，对那种生活又有多么痛苦的渴望啊！对孩子来说，一根棍子并不是一匹马，但在他没有办法骑上真马的情况下，他只能接受一根棍子伪装成的马。对孩子来说，坐着翻过来的椅子穿过房间和坐着小船驶过池塘更是两码事。

如果孩子的日常活动包括没有次数限制地玩水，生活中有一整片蓝莓地、树上高高的鸟巢、鸽子窝、兔子、陌生果园里的李子和房前的花坛，那么这种游戏就变得没有必要了，或者说游戏的性质将从根本上发生改变。

有哪个孩子会拿一只真正的小狗去换一只带轮子的毛绒填充玩具狗？又有哪个孩子会放弃一匹真正的小马而去玩摇摆木马呢？

孩子是迫不得已才玩游戏的。他跑去玩游戏是为了逃避痛苦的无聊，逃避可怕的空虚，逃避冰冷的责任。比起死记硬背语法规则或九九乘法表，孩子更喜欢游戏。

孩子会对洋娃娃、金鱼、花盆里的花产生依恋，是因为他还没有拥有其他更多的东西。同样,囚犯或老人会把老鼠当作宠物,也是因为他们不再拥有其他更多的东西。孩子会用手边的任何东西来玩耍以消磨时间,是因为他不知道自己该做什么,或者没有其他东西可以玩。

我们竖起耳朵去听小女孩如何教导她的玩偶要有良好的行为举止,如何指导和告诫它。当她在床上向玩偶倾诉自己的忧虑、失望和梦想,抱怨周围的人时,我们却充耳不闻。

"我什么都告诉你,我的小娃娃,但你不能告诉任何人。"

"好狗狗,我不会生你的气,你从来没有伤害过我。"

孩子的孤独赋予了玩偶灵魂。这不是孩子的天堂,而是一场戏剧。

*

牧童宁可打牌也不愿意打球。他整天都在追赶牛群,已经跑得够多了。报童或打工小弟只有在刚开始工作时,才会精神抖擞地跑来跑去。很快,他们就会学会如何合理地分配一整天的精力。被迫照顾婴儿的孩子从来不会玩玩偶。相反,他会想方设法摆脱这令人讨厌的义务。

这是否意味着工作对孩子来说是令人厌恶的?贫穷的孩子所做的工作是功利性的,而不是教育性的,这些工作没有考虑到孩子的能力或个性特点。把贫穷孩子的生活当作范例来推崇是荒谬的。贫苦的生活也非常无聊,冬天是挤在小房间里的无聊,夏天则是后院或路边水沟里的无聊。同样无聊——只是无聊的形式不同而已。无论是他们还是我们，都无法让孩子的一天过得十分充实，让多彩的生活内容合乎逻辑地一个接一个地展开，从昨天到今天，再从今天到明天。

孩子的许多消遣活动其实都是工作。

有四个孩子在搭建某种类似小屋的东西：他们用金属片、玻璃片或钉子挖土，打木桩，把东西捆在一起。他们用树枝做屋顶，在地面铺上苔藓，有时闷声不响地勤奋工作，有时做得慢一些。与此同时，他们还计划着如何改进，构思更多方案，并互相交换意见。这已经不再是游戏，而是用不完善的工具和不充足的材料进行的并不熟练的工作。成果大多不尽如人意，尽管组织得很好，每个孩子都能根据自己的年龄、体力和能力投入力所能及的努力。

如果幼儿园违背常理，变成堆满废品——孩子们搭建小屋所需要的材料——的小作坊，那么这难道不是我们应该研究的方向吗？比起小孩子房间里的油毡，一大堆黄沙、一堆树枝和一桶石头是不是会更好？也许一块木板、一些硬纸板、一磅钉子、一把锯子、一把锤子和一台车床会比"一个游戏"更受欢迎。一个手工艺师傅比一个体操老师或者钢琴演奏家更有意义。但是，我们首先应该把医院般的寂静、医院般的整洁和对孩子划伤手指的恐惧从幼儿园中驱除出去。

当明智的父母下达了"玩"的命令，却得到了"天天就是玩，除了玩还是玩"的回答时，父母会感到很受伤。如果他们把所能想到的方法都用尽了，那么，下一步该怎么办？

现在很多事情已经发生了很大变化。运动和游戏不仅被人们接受，还被纳入了学校课程。建设运动场的呼声也越来越高。随着时间的推移，普通家庭的父母和普通的教育工作者已经跟不上时代的步伐。

*

还有另一种情况。

有些孩子既不太受孤独的困扰，也不特别想活跃地生活。这些安静的孩子常常被其他母亲当作榜样来推崇——在家里永远"听不见他们吵闹"。他们从不感到无聊，总能找到可以玩的东西。大人说开始他们就开始，大人说停止他们就停止。这些孩子很被动。他们的需求是适度的、冷静的，所以他们很容易让步，幻想可以为他们的现实服务，既然大人们希望如此，那就更应该如此。

他们容易在人群中迷失，因为人群的冷漠而受到伤害，在社会生活的急流中被落在后面。家长往往不是努力去理解孩子，而是试图去改变他，强迫他去做一些事情。而孩子只有慢慢地、小心翼翼地、耐心地努力，经历许多失败、无效的尝试和痛苦的屈辱才能做到这些事情。每一次不合时宜的施压都只会让情况变得更糟。"去吧，去和其他孩子一起玩"和"今天就玩到这里吧"

一样有害。这样的孩子在人群中很容易被认出来。

举个例子：孩子们在公园里玩"玫瑰花环"①的游戏。十来个孩子互相拉着手，两个孩子在圈里扮演玫瑰。

"快去呀，你为什么不和他们一起玩？"

她不想玩，因为她既不懂这个游戏，也不认识这些孩子。曾经有一次她想加入他们，却被告知："我们人数已经够了"或者"你笨手笨脚的"。也许明天或一周后，她会再试着询问一次。可是母亲不想等，她要求孩子们给女孩腾出位置，强迫女孩加入。腼腆的女孩不情愿地握住旁边小孩的手。她希望自己不被注意到，只需要站在一旁观看游戏就好。也许之后，慢慢地，她会开始对这个游戏感兴趣。也许她

---

① 类似丢手绢，站在圆圈中间的小孩扮演玫瑰，其他孩子一边唱儿歌一边围着"玫瑰"转圈，唱到指定句子的时候迅速摆出要求的姿势，最慢的孩子和中央的"玫瑰"交换，然后继续游戏。

会朝着融入集体新生活迈出第一步。但母亲又走了一步错棋——她试图鼓励孩子在游戏中扮演更重要的角色。

"孩子们——为什么总是这两个孩子站在圆圈中间？这个孩子还没有站到过圆圈中间，让她去吧！"

一个孩子拒绝了，声称按照游戏规则还没有到更换"玫瑰"的时候，另外一个孩子虽然心不甘情不愿，但还是同意了。可怜的小女孩现在发现自己身处一个并不欢迎她的群体中了。

这个场面最终在女孩的眼泪、母亲的愤怒和其他游戏参与者的混乱中结束了。

*

公园里的那场游戏对老师们来说是一堂生动的实践课。他们可以从中观察到许多有趣的地方。他们可以进行整体观察（参加游戏的儿童人数较多，这很难做到），也可以进行个体观察（随意挑选一名儿童）。

观察游戏的发起、构思、发展和结束。是谁的一句话启动了游戏？谁是组织者，谁是领导者，又是谁的退出导致了这个团体的解散？哪些孩子会主动选择自己的伙伴，哪些孩子则只是随意抓住身边孩子的手？哪些孩子会心甘情愿地放开自己的伙伴，为新人腾出位置，而哪些孩子会对此表示抗议？哪些孩子会频繁地更换位置，又有哪些孩子是始终站在一旁的？哪些孩子在中场休息时耐心等待，而哪些孩子会变得不耐烦——"快点吧！我们继续！"哪些孩子会保持安静，哪些孩子会坐立不安，不断挥舞手臂，发出喧闹的笑声？哪些孩子觉得无聊但仍不放弃游戏，哪些孩子会选择放弃——放弃是因为觉得游戏无趣，还是因为受到了冒犯？哪些孩子会大吵大闹，直到自己能在游戏中扮演关键角色？一位母亲想让自己的孩子加入游戏，一个孩子说："不行，他太小了。"另一个孩子则说："管那么多干吗？让他来吧！"

  如果这个游戏是由一个成年人来主导，他就会让孩子们轮流参与。他引入一种看似公平的角色分配方式，自以为是在主持大局，实际上却是在把自己的意愿强加给孩子。两个孩子——大部分时间都是这两个孩子——在跑来跑去（玩猫捉老鼠）、玩（陀螺）和踢（篮子）；至于其他孩子，他们可能觉得无聊。第一个孩子在看，第二个孩子在听，第三个孩子先是近乎无声地哼唱着，然后小声唱，再然后大声，而第四个孩子则想加入，但鼓不起勇气，心跳得飞快。与此同时，一位十岁的小领导兼心理学家，自然而然地了解、评估、控制着整个局势。

  在每一个集体活动中，包括在游戏中，哪怕孩子们都在做同样的事情，至少在某一个方面，他们会有所不同。由此，我们就能了解孩子在生活中的处境，在人际交往中的状态，在行动中的表现，以及他的价值观——不是隐藏起来的，而是表现出来的。他吸收了什么，他最多能贡献什么，他的群体对此有何反应，他有多独立，以及他对群体性暗示的抵抗力如何。从与孩子的亲密交谈中，我们可以发现他的抱负；通过观察孩子在群体中的表现，我们可以注意到他的能力。在这里，我们看到了他对人的态度；在那里，我们看到了这种态度背后的动机。如果我们只与孩子单独相处，那么我们只能了解他的一个方面。

如果他获得了其他孩子的服从，那么他是如何做到的，他又是如何使用自己的权力的？如果他没有获得其他孩子的服从，那么他是渴望权力、痛苦、愤怒还是闷闷不乐？他是默默地羡慕、努力争取自己想要的东西还是直接放弃？他是经常还是很少提出自己的反对意见？他的反对意见是正确的吗？他是受野心驱使还是一时冲动？他是委婉建议还是粗暴地将自己的意愿强加于人？他是反抗领导者还是追随他们？

"听着，这边走！""等等——那边更好！""我不想玩了。""好吧，随你们的便！"

*

孩子们安静的娱乐活动不过是对话，交流思想，围绕某个选定主题编织梦想，对力量的梦想进行戏剧化演绎。尽管他们只是在自娱自乐，但他们表达的观点却富有意义，如同作家在小说或戏剧中展开主题思想一样。这就是为什么你经常会在其中看到孩子们对成年人自然而然的讽刺——孩子们玩上学的游戏，模拟拜访别人和接待访客，给玩偶喂食，买卖东西，雇佣和解雇仆人。被动型的孩子会认真对待这些游戏，渴望得到表扬。主动型的孩子则选择扮演捣蛋鬼的角色，他们的恶作剧常常引来整个集体

的抗议。难道他们不是在无意间表露出了自己对学校的真实态度吗？

　　因为无法去公园玩耍，孩子们便想象自己漂洋过海，前往荒岛探险。因为没有属于自己的小狗听自己使唤，孩子们便想象自己指挥一个团。虽然他们现在还什么都不是，但他们想成为大人物。这种情形仅仅会出现在孩子们身上吗？难道政党在执政后，不会通过权力将他们的意识形态转变为实际的成就吗？

　　我们对某些娱乐活动、探究性的问题和尝试行为持批判态度。一个小男孩四肢着地爬行并模拟犬类吠叫，以了解动物是如何生活的；他假装跛脚或假装自己是老人；他眯着眼睛、结结巴巴地说话，像醉汉一样踉跄行走；他模仿在街上看到的疯子；他闭着眼睛走路，假装看不见；他堵住耳朵，假装听不见；他屏住呼吸，一动不动地躺着，假装死亡；他透过眼镜看东西；他拿起一支香烟；他偷偷给钟上发条；他扯掉苍蝇的翅膀——看它怎么飞；他尝试用磁铁吸引钢尺；他检查自己的耳朵，看鼓膜是什么样的，检查自己的喉咙，看扁桃体是什么样的；他向女孩提议和他一起玩医生游戏，希望能看到她身体的结构；他拿着放大镜迎着太阳跑；他听贝壳里的声音；他用一块打火石摩擦另一块。

　　任何能够被证明的事物，他都想要亲眼看到、亲自检查并体验。即便如此，仍有许多事情他必须道听途说。

　　人们说只有一个月亮，但他无论走到哪儿都能看到它。

　　"我去篱笆后面，你待在花园里。"他们关上了门。

"好吧，月亮在花园里吗？"

"是的。"

"这里也有。"

他们交换了位置，又检查了一遍：现在他们完全确信有两个月亮了。

*

还有一类游戏占据着特殊的位置。它的目的在于测试个人能力和了解自我价值，而这只能通过与他人比较来实现。

那么，谁能迈出更大的步子，闭着眼睛能走多少步？谁能单脚站立更久，谁坚持不眨眼的时间更长，谁能憋气最久？谁能喊得最大声，吐得最远，尿得最高或把石头扔得最高？谁能从最多级的台阶上跳下来，跳得最远或最高？谁能忍受手指被挤压的疼痛？谁会赢得跑步比赛？谁能把另一个人举到空中、拖行或摔倒在地？

"我能做到。我知道，我已经做过了。"

"我能做得更好。我知道得更多。我的表现更好。"然后又说，"我爸爸妈妈也能做到，他们已经做过了。"

这样，一个孩子就能赢得尊重，在自己的团体中获得一席之地。请记住，孩子的幸福不仅取决于他在成人那里得到赞赏，而且同等程度上——甚至可能在更大程度上取决于他的同龄人对他的看法。同龄人在评估群体成员的价值和赋予他们相应的权利时，有着和成年人不同但同样严格的标准。

五岁的孩子可能会被允许加入八岁孩子的团体，而八岁的孩子又可能会被十岁的孩子们接纳。十岁的孩子已经可以在街上独自行走、拥有带锁的文具盒和口袋笔记本了。为了分得一些饼干，甚至也可能什么都不要，一个大孩子会愿意为比他低两个年级的孩子解答许多疑惑。他会解释为什么磁铁能吸引铁，因为它被磁化了。最好的马是阿拉伯马，因为它们的腿很细。国王的血不是红色的，而是蓝色的。狮子和老鹰的血也可能是蓝色的，但这还需要验证。如果一个死去的人抓住了某人的手，这只手就再也挣脱不开了。森林里住着一些女人，她们的头发是蛇；他自己在图片上看到过，甚至在森林里也看到过——不过是从远处看到的，因为如果男人靠近看，他就会变成石头。他见过一个溺水而亡的人，他知道孩子是怎么出生的，他还会用纸做钱包。

更重要的是，他不仅说自己能做，而且已经做出来了一个。妈妈就不会做。

*

如果我们不轻视孩子，不忽视他的感受和愿望——包括他的游戏——我们可能就会明白，他乐意和一个人交朋友，而避开另一个人——只有在迫不得已时才和他见面，并且很不情愿地和他一起玩，是有充分理由的。好朋友之间可能会吵架，但很快就会和好，而与一个自己不喜欢的人交往，即使没有争吵也会感到不自在。

别和他一起玩，他会因为一点小事而大哭，很容易生气，爱抱怨、大喊大叫、出洋相、吹牛、和别人打架，想成为领导者，爱打小报告和作弊，虚伪，笨手笨脚，个子小，愚蠢，邋遢、长得丑。

这样一个爱尖叫、讨人厌的家伙，一个他就能毁掉整个游戏。仔细观察孩子们是如何努力让他变得无害的！大一点的孩子会愿意让他加入游戏。小一点的孩子也会接纳他，因为新来的孩子满足于扮演次要角色并且不捣乱，不给自己和他人找麻烦，他可能还是会有些"用处"的。

"让他玩吧，让着他点，他年纪还小！"

没门儿，成年人也不会让着孩子。

他不喜欢被带去那里做客。为什么？他明明喜欢和那家的孩子一起玩。是的，他喜欢——但是要在自己的家里或是公园里。对方的家里有人会大喊大叫，有人会不顾他的意愿亲他，女仆对他很无礼，大姐姐戏弄他，还有一条他害怕的狗。自尊心不允许他说出这些真实的原因，而母亲则认为这一切都只是他在任性胡闹。

他不想去公园。为什么？因为一个年纪大一些的男孩威胁要打他；因为某个女孩的保姆说要告他的状；因为当他去草坪上捡球时，园丁吓唬他说要用棍子打他；因为他答应给一个孩子带一张邮票，却没有找到。

有些孩子的确很任性。作为医生，我见过几十个这样的孩子。这些孩子清楚地知道自己想要什么，但大人不给他们想要的：他们会觉得呼吸困难，在沉重的关怀下感到窒息。如果成年人对孩子的态度通常是冷漠的，那么这些病态任性的孩子就会鄙视和憎恨周围的所有人。盲目的爱对孩子而言是一种折磨。这样的孩子应该受到法律的保护。

第五节 大人没必要表演无所不能

*

起初，孩子在生活的表面欢快地滑行，没有意识到其中有险恶的深渊、狡猾的旋涡、隐藏的怪物和潜伏的敌对力量。他满怀信心，微笑着期待着美好的惊喜，却突然惊醒，瞪大眼睛，屏住呼吸，嘴唇颤抖着，恐惧地低语："这是什么？怎么回事？为什么？"

一个醉汉在街上踉跄而行，一个盲人用拐杖摸索着前行，一个癫痫患者倒在人行道上不省人事，一个小偷被警察带走，一匹马正在死去，一只公鸡正在被宰杀。

父亲愤怒地说话，母亲不停地哭泣。叔叔吻了女仆，她对他摇摇手指，他们笑看着对方的眼睛。有人是个无赖，应该被好好教训一顿。他们却显然很关心他，不停地谈论着他。

"这一切是怎么回事？为什么？"孩子不敢问。面对这些神秘而矛盾的力量，他感到自己如此渺小、孤独和无助。孩子曾一度掌控一切，他的每一个愿望都如同律法，他拥有眼泪和微笑这两样武器，他拥有妈妈、爸爸和保姆的宠爱。但他逐渐意识到，自己的存在是为了取悦他们，他是为他们而存在的，而不是他们为他而存在。他像聪明的狗一样警觉，像受奴役的王子一样环顾四周并审视自己。

他们知道一些事情，却在隐瞒。他们并不是他们所表现出来的那样，而且要求他背离真实的自我。他们口口声声说要讲真话，却自己说谎，也让别人说谎。他们对孩子说的是一套，彼此之间说的又是另一套。他们嘲笑孩子。他们有自己的生活，如果孩子试图干涉，他们就会生气。他们希望孩子相信他们。他们乐于见到孩子通过天真的问题来暴露自己的无知。

死亡、动物、金钱、真理、上帝、女人、理性——一切事物中都存在着欺骗，存在着丑陋的谜团，存在着险恶的神秘。为什么他们不说出事物的真相呢？

孩子带着遗憾怀念他的童年时光。

*

我们对孩子抱有童年的滤镜，并相信他们爱我们、尊敬我们、信任我们。我们认为他们是无辜的、好骗的、可爱的。我们扮演着客观无私的守护者的角色。一想到我们做出的牺牲，我们就深受感动。从某种意义上说，我们和他们融洽地相处了一段时间。起初，孩子相信我们，然后，开始产生怀疑，并试图摆脱那些隐隐滋生的猜忌。有时他们试图与这些感觉做斗争，当他们发现徒劳无功之后，就开始迷惑我们、收买我们、利用我们。

他们用恳求、微笑、亲吻、玩笑、顺从等手段来哄骗我们，用他们做出的让步来与我们讨价还价。偶尔，他们会巧妙地暗示我们他们也有某些权利。有时他们会通过纠缠不休来达到自己的目的。在其他时候，他们会直接问："我这样做能得到什么回报？"孩子们就像是各种各样或顺从或叛逆的"小奴隶"。

这是不好的，不健康的，也是罪恶的。老师在学校里这么说。"哦，要是妈妈知道就好了。""你要是不想去，就不必去。你们学校的老师和你们一样聪明。让妈妈发现好了，她又能把我怎么样呢？"

我们不喜欢被训斥的孩子含糊不清地嘀咕，因为愤怒会让他说出我们都不想听到的坦率话语。孩子是有良心的，但在日常的小冲突中，心的声音被压制了。取而代之的是，渐渐滋生出的对强权者的专制——因此也是不公平的——统治的厌恶，这些强权者往往也是不负责任的人。

如果孩子喜欢一个快乐的叔叔，那是因为这个叔叔给他带来了一丝自由的感觉，这个叔叔给他带来了活力，这个叔叔给他带来了一份礼物。

而这份礼物之所以珍贵，是因为它满足了孩子一个长久以来的梦想。孩子对礼物的重视程度远低于我们所想的。他会非常勉强地接受一个他不喜欢的人送的礼物，心里想："他在施舍。"他的内心世界正在翻江倒海，他感到愤怒和屈辱。

*

成年人并不那么聪明，他们不知道如何充分利用自己的自

由。他们自鸣得意。他们可以买任何他们想要的东西，被允许做任何事，但总是会因为这样或那样的事情而感到恼火，甚至会为一些无关紧要的小事而大发雷霆。

成年人并不是无所不知。他们经常只是为了回答而回答，或者带着玩笑的口吻说，或者故意说得让人难以理解。一个人这么说，另一个人那么说。我怎么知道什么是真相呢？天上有多少颗星星？Copybook（练习本）用中文怎么说？人是怎么入睡的？水有生命吗，它怎么知道温度降到零摄氏度，就应该变成冰了？地狱究竟在哪里？那个人是怎么做到用帽子里的表变出炒鸡蛋的，而且他的表和帽子都完好无损？那是一个奇迹吗？

成年人对孩子并不好。他们给孩子食物是出于责任，这是他们必须做的，否则孩子就会饿死。他们不允许孩子做任何事情。当孩子说了些什么，他们只是笑，也不解释，甚至会故意取笑。他们还不太公正，他们喜欢逗弄孩子，但如果孩子捉弄他们并且成功了，他们可能会相当恼火。他们喜欢被奉承。如果他们心情好，他们会允许孩子做任何事，但如果他们心情不好，孩子做什么都不对。

成年人会撒谎。他们说吃糖会长虫子，不吃饭会梦见吉普赛人，玩火柴就会尿床，摇晃腿会招来魔鬼，这些都是谎话。他们不守信用：他们经常做出承诺后又忘记，或者找借口推脱。他们禁止孩子做某件事作为惩罚，可实际上，无论怎样，他们都不会允许孩子做那件事。

他们教导孩子要说实话,但当孩子真的说了实话,他们又感觉被冒犯了。他们是伪君子:当面说一套,背后做一套。即使他们不喜欢某人,他们也会假装友好。你听到他们所说的话——"请""谢谢""对不起""这是我的责任",可能会以为他们真的是这样想的呢。

当孩子兴高采烈地奔跑,突然被制止时,当孩子在兴奋中说错了话或做错了事,突然被严厉地训斥时,仔细观察一下孩子的表情。

父亲正在写东西,孩子跑过来,想告诉他一条新闻,于是伸手去拉他的袖子。孩子丝毫没有意识到自己的做法会让一张重要的纸上留下一个墨渍。所以,当他被大声斥责时,他惊呆了——发生了什么事?

不恰当的问题、不合时宜的玩笑、被泄露的秘密、无意中吐露的心声——所有这些经历教会了孩子把成年人当作驯服的野生动物来看待——你永远无法对他们放心。

*

除了不尊重和敌意,人们还可能在孩子们对成年人的态度中察觉到一定程度的厌恶。孩子们会反感刺人的胡子、粗糙的脸庞和雪茄的味道。在被告知不能这样做之前,他们每次被亲吻后都会仔仔细细地擦脸。大多数孩子不喜欢被人放在膝盖上。如果你牵住他们的手,他们会温柔而缓慢地把手抽走。托尔斯泰在乡村孩子身上观察到了这一点——这适用于所有未被驯化、没有被恐吓到顺从的孩子。

孩子对体味和香水味感到厌恶。"真臭。"他说,直到被告知这是一个不礼貌的词。香水味很好闻,只是他还不适应。

那些患有消化不良、痛风、梗阻的人,口中有异味,害怕过堂风和湿气,晚上不敢吃东西,咳嗽时喘不过气来,爬楼梯时感到疲倦,面色潮红,肥胖,水肿——所有这些都令人感到害怕。

那些温柔的话语,那些亲昵的动作——抚摸、拥抱、拍打肩膀,毫无意义的问题,以及毫无缘由的笑声。

"你们瞧瞧,她长得像谁?""哦,上次见他时他还是个小不点呢,一转眼已经这么大了!"

孩子感到尴尬,只能等着——这一切什么时候才会结束?

大人不介意在公共场合对着孩子说:"小心,你会弄丢裤子的"或"你今晚会尿床的"。他们太不文雅了。孩子觉得自己更干净、更有礼貌且更值得被尊重。

"大人不敢吃东西，害怕雷雨天，他们才是胆小鬼。我一点也不害怕。而且如果他们害怕雷雨天，就自己坐在火炉旁好了，为什么要禁止不害怕的我出门？"

下雨时，他会跑出去，在倾盆大雨中站一会儿，然后笑着跑开，拍拍头发。结霜时，他会把胳膊肘贴近身体，弓起背，耸起肩膀，屏住呼吸。他的手指变得僵硬，嘴唇发紫。他津津有味地看送葬队伍，看街头斗殴，然后跑着取暖："哎，我冻僵了，但太棒了。"

大人们真可怜，他们为一切事情感到担忧。

我想，孩子对我们成年人唯一温暖的情感可能就是同情了。

可怜的爸爸要工作，妈妈身体又不好，他们很快就会死的，真可怜，他们不该这么操劳忧心的。

*

除以上提到的孩子毫无疑问会经历的感受,以及他自己的思考外,他还有一种责任感。他并没有完全拒绝灌输给他的观点和情感上的暗示。主动的孩子能更早且更强烈地感受到矛盾冲突,而被动的孩子则较晚且更模糊地感受到。主动的孩子会自己编织思想之网,而被动的孩子则由那些同处困境或同样受束缚的同伴帮他打开眼界。但无论是哪种情况,他们都不会像我刚才那样系统地整理自己的思绪。孩子的灵魂和我们的一样复杂,充满了矛盾,与永恒的问题进行着悲剧性的斗争:我想要但我不能要;我知道我应该做到但我无法做到。

如果一名教育者不强制而是给予自由,不拖拽而是提升,不压制而是塑造,不命令而是教导,不苛求而是请求,那么他将会与孩子一起经历许多振奋人心的时刻。他会不止一次含泪目睹天使与撒旦之间的斗争,目睹纯洁的天使最终取得胜利。

他撒谎了。在无人注意的情况下,他偷偷地从婚礼蛋糕上拿了一颗樱桃。他掀起了一个女孩的裙子。他向一只青蛙扔石头。他嘲笑了一个驼背的人。他打碎了一座雕像,然后又悄悄地把碎片拼在一起,以防被人发现。他偷偷地抽烟。他生气,在心里默默咒骂他的父亲。

他做了一些坏事,每次都感觉到这不会是最后一次,总有东西一再地诱惑他,总有人怂恿他。

有时，孩子会突然变得安静、听话和温柔。成年人对这种情况很熟悉："他一定是心里有鬼。"通常，这种特别的转变之前会有一场情感风暴，泪水浸湿了枕头，下定决心，立下庄严的誓言。有时，只要我们能得到某种保证——哦，不，不是真正的保证，只是让我们安心的假象——保证这种行为不会再发生，我们就会原谅他。

"我改变不了。我不能保证。"这不是固执，而是诚实的表达。

"我明白你的意思，但我没有那种感觉。"一个十二岁的男孩告诉我。

我们在有犯错倾向的孩子身上也能发现这种值得称赞的诚实："我知道，不应该偷东西，偷窃是可耻的，是罪恶的。我不想这么做。但我不知道我会不会再犯，我不是故意的！"

对于教育者来说，看到孩子陷入困惑却无能为力，是一个痛苦的时刻。

*

我们陷入了一种错觉，认为孩子可以长时间满足于一种天使般的世界观，在那里，一切都简单明了、合乎情理，而我们可以向他隐瞒我们的无知、软弱、矛盾、失败和堕落，以及我们没有获得幸福的良方。那些为自学成才的教育者提供的小册子天真地提出了一些教条，比如对孩子的教育应该是一致的，父亲不应该批评母亲的行为，大人不应该在孩子面前讨论事情，在不受欢迎

的访客按响门铃时女仆不应该说谎——"家里没人"。

那么，为什么折磨动物是错误的，却有成百上千只苍蝇在粘蝇纸上痛苦地死去呢？为什么妈妈可以买一条漂亮的裙子，而孩子说一条裙子漂亮就是不礼貌的呢？难道所有的猫在晚上都必须是灰色的吗？打雷时，保姆会画着十字说"哦，我的神"，学校的老师却说那是"雷电"。为什么成年人都应该受到尊重——包括小偷在内吗？叔叔说："我凭直觉感觉到的。"① 而那样说话被认为是粗鲁的。为什么"该死的"是脏话？厨师相信梦，妈妈却不信。为什么有人说"像铜铃一样健康"，有些铃铛是裂开的呀？为什么问礼物的价格是不恰当的行为？

我们该如何隐藏、如何解释，才不会加剧无知呢？

哦，我们的那些回答啊……

我碰巧见到过两次，在书店前，孩子被启蒙地球仪是什么。

"这是什么球？"孩子问。"哦，就是一个球。"保姆说。

另一次。

"妈妈，这是什么球？"

"这是地球。地球上有小房子、马匹和妈妈。"

"妈妈，嗯，嗯？"孩子用怜悯和恐惧的眼神看着妈妈——然后就不再说话了。

---

① 原句为"I felt it in my guts"。"Guts"指内脏，尤其是肠道，在口语中用来表示直觉或强烈的感觉。维多利亚时期形成的语言禁忌中，直接指称内脏被视为不雅。

第六节 与叛逆期的孩子相处请"心宽手懒"

*

孩子渴望得到窗户上的一片玻璃或天空中的一颗星星,他可以被宽容和满足收买,他是天生的无政府主义者,这些都是不真实的。不,孩子有一种相对宽松的责任意识,他喜欢规划和秩序,他不排斥规则和义务。他唯一的要求就是负担不要太重,不要在他的背上磨出伤痕。当他犹豫不决或犯错时,能够得到宽容;当他疲惫时,能有时间来喘口气。

试试看,我们会看到你能否承受这份重担,你能在重负下走多少步,你是否能日复一日地管理好这一切——这是正心理学(orthophrenics)的最高原则。

孩子希望被认真对待,他渴望信任、指导和建议。我们却总是笑话他,怀疑他,因缺乏理解而排斥他,拒绝帮助他。

一位母亲来找医生咨询时,不愿具体说明情况,更喜欢泛泛而谈:"她神经紧张,不知道自己想要什么,太不听话了。""夫人,请告诉我事实和症状。"

"她居然咬了她的朋友一口。我觉得很不安。她明明十分喜欢那个女孩,总是和她一起玩。"医生与孩子进行了五分钟的交谈后得知:她讨厌那个"朋友",因为那个"朋友"嘲笑她的衣服，还说她妈妈是老太婆。

再举一个例子：

孩子害怕独自睡觉，一想到独自睡觉就感到绝望。

"你为什么不早告诉我？""我说过了。"

但母亲忽视了他的恐惧：这么大的孩子竟然还害怕自己一个人睡觉，真是丢脸。

第三个例子：他朝他的家庭教师吐口水，扯她的头发，父母费了好大的力气才将他拉开。

这位家庭教师过去常常晚上把他带到床上，让他拥抱她。她威胁他说，要把他放进一个箱子里，然后扔到河里。

孩子在痛苦中会感到多么孤独啊。

*

这是孩子情绪稳定和愉快的现实阶段。即使是"神经质"的孩子也会再次变得平静。他恢复了活力、童真和和谐的身体机能。他尊敬长辈，服从管教，行为得体，不再提出令人不安的问题，不再任性，也不再突然爆发情绪。父母再次感到幸福。孩子表面上适应了家庭的世界观和周围的环境。得益于相对的自由，他不会再提出超出所给予范围的要求。他在表达意见时非常谨慎，因为他已经知道哪些意见会引起麻烦。

有着悠久传统的学校，多姿多彩的生活，规划，义务，烦恼，失败和成功，书籍的陪伴，构成了生活的实质。现实事物占据了所有的时间，让孩子无暇进行无意义的探究。

孩子现在明白了。他知道这个世界并非尽善尽美，有善有恶，有可知有不可知，有正义也有不公，自由也有依赖。他并不完全理解，但也不太在意。他顺应环境，随波逐流。

关于神？去祈祷吧，如果有疑问，就像其他人一样，除祷告外再施舍一些财物。犯了罪？去忏悔吧，神会原谅的。

死亡？好吧，流几滴眼泪，穿上丧服，带着叹息回忆——和其他人一样。

他们要求孩子行为规范、乐观开朗、天真无邪、对父母心存感激——为什么不呢？我对此并无异议。

请、谢谢、对不起、妈妈让我向您问好、我全心（为什么不能是一半真心呢）祝愿您一切顺利，这些话如此简单易说，却能给自己带来认可，换来平静。

他知道何时该问问题，问谁，如何问，以及为了什么问；他知道如何从棘手的情境中脱身而出；他知道如何以及用什么来取悦他人。同时，他一直在计算"这样做是否值得"。良好的心态和健康的身体使他变得宽容并愿意做出让步：父母大体上是好的。总的来说，这个世界没有那么糟糕，除了少数琐事，生活还是很美好的。

父母可以利用这个阶段为自己和孩子迎接未来的新责任做好准备，这是一个天真平和的时期，也是无忧无虑的放松时期。砒霜和铁（比喻严格的教育），一位好老师，溜冰场，去乡村度过

的暑假，告解和母亲的劝诫都带来了极大的好处。

　　父母和孩子都自欺欺人地认为他们已经达成了相互理解，困难已经过去了。然而，很快，与成长同样重要但当代人最难以掌握的生育功能，将开始使仍在进行中的个体发展过程更加复杂，扰乱个体的精神并侵袭身体。

*

　　再次强调——这只是一种回避真相的尝试，是为了便于理解，但存在这样的危险：我们以为自己已经完全了解，而实际上只是掌握了其模糊的轮廓。无论是动荡时期还是平静时期，都不足以解释这一现象，它们仅仅是标题。我们可以将掌握的秘密表述为客观的数学公式。而那些我们无法应对的秘密，则让我们感到惊恐和愤怒。火灾、洪水、冰雹是灾难，但这只是从它们所造成的损害程度而言的。所以我们组织消防队，建造水坝，进行保险和保护。我们已经适应了季节的更替。然而，对于人类，我们进行的是一场徒劳的斗争，因为我们不了解他，无法使其与生活和谐共处。

　　距离春天还有一百天。虽然地面上还没有一根草，没有一颗芽——但在土壤中，在植物的根部，春天的指令已经下达。尽管春天隐藏着，但它就在那里，颤抖着，伪装着，潜伏着，在雪下，在光秃秃的树枝中，在刺骨的寒风中，准备突然向我们袭来。即使进行的是肤浅的观察也会发现三月天气的无常，因为深

处隐藏着的东西正在逐渐成熟、积累并构建起来。只是我们没有区分出天文年的铁律与那些鲜为人知或完全未知的规律偶然而短暂的交集。

人的各个生命阶段之间本没有边界，是我们设置了边界，就像我们用不同的颜色绘制世界地图，设置了人为的国家边界，却每隔几年又会改变它们一样。

"他会摆脱这一切的，这是一个过渡时期，他会改变的"——老师带着宽容的微笑等待着幸运的机会来帮忙。每个研究者都热爱自己的工作，因为痛苦的研究和专注的奋斗，但一个认真负责的研究者也会憎恶它——因为它带来的错误，以及它所带来的幻觉。

每个孩子都会经历疲惫不堪的时期和充满活力的时期，但这并不意味着我们应该迁就他、保护他，也不意味着我们应该锻炼他，使他变得坚强。孩子的心智跟不上他的成长速度，所以他应该被允许休息，或者另一方面，他应该被激励进行更活跃的活动，以给他力量并使他得到更好的发展？这个问题只能在特定的情况和特定的时间下解决，但赢得孩子的信任并对孩子充满信心是至关重要的。

但最重要的是，知识需要被了解。

*

我们有必要对今天被归因于青春期的一切现象进行一次全面的审视。我们认真对待这一阶段，也有理由这样做。不过，也许我们过于认真且过于片面地看待这一阶段，尤其是忽略了将其划分为各个组成部分。如果对早期发展阶段进行研究，我们不就能更客观地洞察这个阶段了吗？毕竟青春期只是众多阶段中的一个，其特征与之前的阶段有相似之处。这样做难道不会消除青春期病态的、神秘的独特性吗？难道我们没有像给儿童穿上快乐和无忧无虑的衣服那样，人为地给正在逐渐成熟的青少年披上了不适应和焦躁不安的外衣吗？也许这对年轻男孩来说是一种有暗示性的影响？我们的无助是否加剧了这一过程的激烈性？

关于觉醒的生命、初升的太阳、春日的繁花和高尚的行为的讨论是不是太多了，而实际的科学材料是不是不够？

什么占据着主导地位？是普遍的蓬勃成长，还是仅仅是特定器官的发育？哪些变化依赖于血液系统、心脏和血管的变化，哪些依赖于脑组织氧化和营养效率的降低或性质的改变，又有哪些变化依赖于腺体的发育？

一些现象在年轻人中引起恐慌，给他们带来沉重的打击，扰乱了他们正常的生活秩序。其实，这些现象是可以避免的，只是在当时的社会条件下，一切因素促使这一生命阶段走向这样的道路。

一个疲惫不堪的士兵很容易陷入恐慌；如果他不信任领导他的人，怀疑其背信弃义，或者看到他的上级摇摆不定，就更容易陷入恐慌；如果他被焦虑困扰，不知道自己在哪里，前面有什么，侧面有什么，后面有什么，就会更加恐慌；而最容易陷入恐慌的情况，就是他遇到突如其来的袭击。孤独会助长恐慌。队伍紧密排列，大家肩并肩，能激发士兵冷静的勇气。

青少年会在成长中感到疲惫和孤独，缺乏明智的指导，迷失在生活问题的迷宫中。当突然面对挑战时，他们往往会高估困难的程度，对自己的能力产生怀疑，不知道该如何自卫和应对。

还有一个问题。

我们是否将青春期的病理现象与正常的生理现象混淆了？我

们的观点是否受到了那些只能看到"发育困难""发育异常"的医生的影响？我们是否在重复一百年前的错误？当时所有三岁以下儿童的不良症状都被归咎于长牙。如今，"长牙"的误解已得到澄清，或许，今天被神话了的"性成熟"在百年后也会面临同样的命运。

*

我们说青春期，就好像之前的所有阶段都没有涉及逐渐成熟的过程一样，只不过有时是缓慢的，有时是迅速的。如果我们观察体重曲线，就会理解这个年龄段出现疲劳、笨拙、懒惰、梦幻般的沉思、面色苍白、嗜睡、缺乏意志力、反复无常和优柔寡断等现象的原因，为了与之前的所有阶段区分开来，我们可以称之为高度的"不适应"。

成长是一项工作。对身体系统来说，成长是一项艰苦的工作，而生活条件却不允许他们放弃任何一堂课、任何一天的工厂劳动。如果成长过早、过于突然或与标准不同，那么它往往会以一种接近病态的状态进行。

女孩的初潮是一场悲剧，因为她一直被教导要敬畏血液。乳房的发育让女孩感到沮丧，因为她被教导要为自己的性别感到羞耻，而高耸的胸部让她暴露无遗，现在周围的人都能看出她是一个女孩了。

经历相似生理变化的男孩，在心理上会有不同的反应。他期待着鼻子下长出绒毛，将其视为成熟的先兆。如果他为自己变声期的噪声和风车般乱晃的胳膊感到害羞，那是因为他知道自己还没有准备好，还必须等待。

你有没有注意到，相貌不佳的女孩对受宠的男孩感到嫉妒和怨恨？是的，以前她受到惩罚时，她会感到一丝愧疚，但不是男孩有什么可愧疚的呢？

女孩发育得更早，她们满心欢喜地炫耀着这唯一的特权。"我几乎已经长大了，而你还是个孩子。我三年后就可以结婚了，而你还在上学呢。"昔日一起玩耍的好友，现在却露出了优越感十足的微笑。

"你结婚？谁会要你呢？我可以得到我想要的，而不需要结婚。"她更早地对爱情产生成熟的认知，而他则更早地有了风流韵事；她渴望步入婚姻，而他则渴望不稳定的男女关系；她渴望成为母亲，而他则沉迷于寻欢作乐，正如库普林所说："像苍蝇一样，粘在窗玻璃上一会儿，然后愚蠢地、惊讶地互相触碰头部，就永远分开了。"

早期的性别对抗现在有了新的色彩，很快又会发生改变，到那时，她会逃避，而他会追求她。最终的

结果将是他对妻子心怀敌意，因为她对他来说是一个负担，剥夺了他的特权，并将它们据为己有。

*

青春期的第一个阶段：我知道但我还没有感觉到；我感觉到了但我还是无法相信；我严厉地评判自然对他人所做的事情；我因为身处危险之中而痛苦，我一点也不确定自己是否会幸免于难。但我是无辜的，在鄙视他人时，我只是为自己感到担忧。

第二个阶段：在梦中、半梦半醒间和白日梦中，在游戏的兴奋中，尽管抵触、厌恶和发出禁令，但一种感觉越来越频繁且清晰地出现，这种感觉加剧了与外界和自我的痛苦冲突。被赶走的念头，像疾病的预兆，像即将发烧的第一阵寒战，令人惊恐地浮现。性情感正在萌芽，它令人困惑和恐惧，随后还会引发警觉和愤怒。

窃窃私语、咯咯笑着分享秘密的风潮逐渐平息，孩子进入了互相倾诉心声的阶段。他们的友谊变得更加深厚。两个迷失在生活丛林中的孤儿之间的奇妙友谊，他们发誓要互相安慰，永不抛弃对方，在患难中也绝不分离。

感到不快乐的孩子，不再用死记硬背的公式和阴郁恐惧的心态面对痛苦、苦难和缺陷，而是用温暖的同情。他忙于自己的烦心事，无法长时间同情别人，但他总会挤出片刻的时间，流下一滴眼泪，为一个被诱骗的女孩、一个被打的孩子和一个戴着手铐的囚犯。

每一个新的口号、想法和有力的标语都会在孩子中间找到热切的听众和狂热的支持者。他不是在读书，而是在"吞书"，并祈求奇迹发生！儿童时代，神在神话故事里，后来变成了一切不幸和罪恶的根源。那个能做却不做的神，如今又以全能的、宽恕一切的、超越人类思想的、风暴中的避风港的形象回归。

以前："如果大人让我祈祷，那么显然祈祷是谎言；如果他们指责一个朋友，那么显然他会成为我的向导，因为大人有什么可信的呢？"现在：敌意已被同情取代。"卑鄙的伎俩"这个说法已不足够，这里还隐藏着无比复杂的东西。但那是什么？一本书只能暂时平息疑虑。现在是再次获得孩子信任的时候，他在等待，也愿意倾听。

我们应该告诉他什么？除花的授粉方式和河马的繁殖方式，以及自慰的害处之外，什么都可以说。孩子感觉到有比干净的手和床单更重要的事情，他精神层面的认知，以及他对自己人生的全部责任感正面临着考验。

哦，真希望再次成为天真无邪的孩子，满怀信仰、信任一切、不用思考！

哦，真希望长大成人，摆脱那个"过渡阶段"，变得像其他人一样！

修道院，寂静，虔诚的冥想！

不——荣耀，勇敢的行为。

航行，变换场景和情感。跳舞，娱乐，海岸，山脉。

最重要的是死亡；没有什么值得活下去的，为什么要挣扎？

教育者根据多年来为这个特殊时刻所做的准备，敏锐地观察着孩子，可以为孩子提供认识自己和战胜自己的计划，并告诉他需要付出多少努力，如何寻找适合自己的生活方式。

*

浮夸的恶作剧，空洞的笑声，青春的收获。是的，身处人群中的快乐，渴望已久的胜利带来的成就感，以及以为能够撼动世界根基的不切实际的幼稚信念。

"我们这么多人，这么多年轻的面孔，紧握的拳头，锋利的牙齿，我们不会被逼到墙脚。"一杯葡萄酒或一罐啤酒就能彻底驱散疑虑。

打倒旧世界，迎接新生活！

他们无视那个眼中带着嘲讽笑意、口中说"你们这群傻瓜"的人。他们也没有看到那个眼神哀伤、喃喃自语"可怜的家伙们"的人。他们更没有注意到那个想要抓住这个有利时机，发起某个行动，立下某种誓言的人，以免这崇高的激昂情绪在狂欢中消散，稀释成毫无意义的口号……

我们常常把集体的狂欢视为能量过剩的表现，事实上，它仅仅是不安和疲惫，这种不安和疲惫在短暂地挣脱束缚后，被一种幻觉激发。回想一下孩子在火车上兴高采烈的样子。他不去想旅程多么漫长，目的地是哪里，看似享受着眼前的景象，却因为景象过多和期待过高而变得任性。他欢快地笑着，最终却以苦涩的泪水收场。

解释一下，为什么成年人的出现会"破坏游戏"，带来不安和约束。

一场聚会。一种浮夸、庄重的氛围。成年人如此娴熟地融入当下的氛围。而那两个年轻人互相对视，忍不住笑，笑得眼泪都出来了。他们无法抗拒恶意的诱惑，相互轻轻推搡，说些讽刺的话，增加了丑闻出现的风险。

"记住，不要笑。千万不要看我。不要做任何让我发笑的事。"

而在事情过后：

"你看到她的鼻子有多红了吧。他的领带都歪了。他们差点就崩溃了。给我们学学，你模仿得可真像。"

还有一件事：

"他们以为我玩得很开心。就让他们这么想吧。这只能说明他们对我非常不了解……"

年轻人愿意热情地工作。为了一个明确的目标，做准备，付出极大的努力，积极地行动，这需要敏捷的双手和聪明才智。在这里，年轻人如鱼得水。在这里，你会看到真正的快乐和兴奋。

做计划，下定决心，累得筋疲力尽，坚持完成任务，对失败和克服的困难付之一笑。

*

青春是崇高的。

如果你认为一个孩子毫无畏惧地趴在四楼的窗台上往外看是勇敢;如果你认为他把母亲留在桌上的金表送给了一个跛脚的老乞丐是善良;如果你认为他用刀刺向兄弟并戳瞎兄弟的眼睛是犯罪,那么我同意你的看法。青春之所以崇高,是因为年轻人在谋生这占据人生一半时间的领域里毫无经验,对社会阶层的复杂关系和群体生活的规则一无所知。

由于缺乏经验,他们认为,善良或厌恶、尊重或蔑视都可以根据一个人的真实感受表现出来。

由于缺乏经验,他们认为,可以随心所欲地建立或断绝关系,可以遵守也可以忽视既定的社交形式,可以遵循也可以违背习俗。他们可能会说:"见鬼去吧,我不在乎,他们爱怎么说就怎么说,我说不行就是不行,这跟我有什么关系?"他们刚刚挣脱了父母的管束,得以喘息,但新的枷锁又接踵而至,速度之快,让他们措手不及。

仅仅因为某人富有或地位显赫,或者因为某人在某个地方想到了什么并说了出来,就应该尊重或服从他吗?

有没有人教导年轻人哪些妥协在生活中是不可避免的,哪些是可以避免的,以及需要付出什么代价?哪些行为会带来痛苦而不玷污名誉,哪些行为会让人堕落?有没有人向他们展示虚伪,在什么情况下像"不随地吐痰"或"不在桌布上擦鼻涕"这类行为一样是得体的,而不构成冒犯?

我们曾经告诉孩子:他们会嘲笑你。但现在我们应该补充说:他们还会让你饿死。

你说:这是青春的理想主义——幻想可以说服他人并使世界变得更好。

但我想问:你是如何对待这种崇高的品质的?你扼杀了自己孩子身上的这种品质,却又呼吁给予那些无名的青年理想主义、快乐和自由,就像你曾经对自己孩子的纯真、优雅和爱所做的一样。你让理想看起来就像麻疹或天花一样,是一种疾病;又像新婚蜜月时参观美术馆一样,是一种无关紧要的义务。

"我也曾是'法瑞斯',我也见过鲁本斯的画。"

崇高不能像晨雾一样短暂,也不能像刺眼的阳光一样仅仅闪耀一时。如果我们觉得自己目前还没有能力承担起培养崇高品质的重任,那么就暂且满足于培养诚实的男男女女吧。

第七节 逐渐打开的情感世界

*

为什么还在儿童时期，同龄的女孩与男孩之间就已经存在显著的差异了？这主要是因为，除他们共同面临的成长挑战外，女孩还额外承受了女性身份所带来的限制和偏见。男孩虽然也因为年幼而被剥夺了一些权利，但他们紧紧抓住自己作为男性拥有的特权，并且不愿意与女孩分享这些特权。

"我可以，我能行，因为我是男孩。"

女孩在男孩群体中就像是一个闯入者。十个男孩中，至少有一个会好奇地问："她为什么会在这里，和我们一起做什么？"

如果男孩们之间发生争执，他们会自己解决，不会伤害到彼此的自尊，也不会用驱逐来威胁对方。但是，如果女孩参与其中，他们就会粗暴地说："如果你不喜欢，就回去和你们女孩玩。"

一个喜欢和男孩来往的女孩，在女孩圈子里也会受到质疑。

"如果你不喜欢和我们在一起，就回男孩那边去。"不受欢迎的人会以轻蔑回应轻蔑，这是一种自尊心受到攻击时无意识的自卫行为。

有的女孩并不会因此退缩。她嘲笑他人的观点，认为自己高人一等。

孩子们对一个总是和男孩一起玩的女孩所表现出的普遍敌意是如何来的呢？也许，这种敌意源于一条不可改变且残酷的法则："如果一个男孩看到了女孩的内裤，女孩就会蒙羞。"这条法则是在孩子们中间形成的，并非成年人的发明。

女孩不能自由地奔跑，因为如果她摔倒了，她还没来得及整理好衣服，就会听到一声充满恶意的尖叫。

"我看到她的内裤了！"

"你没有"或者"好吧，那又怎样"——她满脸通红，困惑又羞愧地说。

如果她试图与人打架，立刻会有人提高声音制止她："女孩子不可以这么粗鲁。"这使她动弹不得。

女孩不如男孩敏捷，因此不值得尊重。她们不会打架，只会感到被冒犯，进而争吵、抱怨和哭泣。尽管如此，长辈们仍然坚持要尊重女孩。当一个男孩被成年人这样规训时，他会开心地自然而然地认为："我不需要听他的话。"

面对一个女孩，他必须让步，凭什么？

"那是不合适的"——根源在于她们穿着打扮的方式——除非我们能把女孩从这一方面解放出来，否则，所有试图让她们成为男孩玩伴的努力都将是徒劳的。我们曾经以不同的方式解决了这个问题：我们给男孩留长发，并教给他们同样多的得体规则，这样，他们就可以一起玩了——但我们没有培养出勇敢的女孩，反而培养出了更多柔弱的男孩。

短裙、泳装和运动服,以及新式舞蹈——这是在新原则下解决问题的大胆尝试。时尚创新的背后有多少深思熟虑?我相信这不是轻率的举动。

让我们暂且抛开愤怒和批评。在讨论所谓的敏感话题时,我们应该保持谨慎的偏见。我再也不会试图在一本小册子中讨论所有儿童的所有发展阶段了。

*

可能会发生这样的情况:你非常喜欢一个孩子,但没有得到孩子同等的回应。他想玩球、比赛跑步、玩战争游戏,而你只想拍拍他,把他拉到你的怀里爱抚他。这会让他变得烦躁、不耐烦、感到委屈。他可能会躲避你这种不合时宜的情感表达,或者搂住你的脖子,请求你给他买一套新衣服。这是你的错,而不是他的。

有时,围着孩子转的几个人都会努力去赢得孩子的喜爱。那么,这个小宠儿就会巧妙地周旋,以免伤害到任何人。因为你允许他晚睡,管家会给他换上新袜子,而厨师则会给他苹果和葡萄干吃。

有时,孩子会在爱抚中找到乐趣。他抚摸你的手是因为它很柔软,或者他会说你的头发闻起来很香,或者他会亲吻你的耳朵、脖子或手指。请睁大你的眼睛,这些都是具有情欲色彩的爱抚。

孩子对情欲的感觉是很敏感的。大自然规定生命就是生长和繁衍。这条定律对人类、野兽和植物都是适用的。性欲并不是突然之间凭空出现的。在孩子身上，它处于沉睡状态，但你已经可以听到它微弱的"呼吸声"。而且，还有些手势、拥抱、亲吻和孩子们的娱乐活动，都或隐晦或明显地带有情欲的味道。

然而，教育者不必抬头望天，不必惊讶地搓手，也不必愤怒地否认。

给孩子的生活增添动力，让他不会感到无聊，让他奔跑、喧闹，让他想睡多久就睡多久。这样，性欲就会平静地萌芽，既不会污染也不会伤害到孩子。

*

弗洛伊德对童年期性欲的研究玷污了童年期，但这样的研究是否也净化了青春期呢？它驱散了关于儿童纯洁无瑕的珍贵幻想，也驱散了另一个令人恼火的幻想——"他体内的野兽会突然觉醒，他会开始沉溺于污秽之中。"我故意使用这句当下流行的话，以强调我们对性冲动演变看法中的宿命论色彩，性冲动和成长一样与生命紧密相连。

那些分散的感觉，如同星云般弥漫，只有在有意或无意的堕落行为的影响下，才能过早地形成明确的形态，而这并不是瑕疵。同样，那种微弱的"某种东西"也不是瑕疵，它会在数年间越来越明显地影响两性情感，直到性冲动成熟、性器官完全发育，新一代生命的诞生，成为数代人的继承者。

性成熟：系统已经准备好在不损害自身的情况下孕育出健康

的后代。

性冲动的成熟：与异性进行正常性交的明确欲望。

有时，男孩的性生活在性冲动成熟之前就已经开始了。而对于女孩，情况因是否涉及引诱或暴力而有所不同。

这是一个难题，而当孩子对此一无所知时我们表现出的自满，以及当孩子关注此事时我们产生的烦恼，都反映出我们缺乏敏感性。

难道不是这样吗？在孩子提出涉及禁忌领域的问题时，我们会粗暴地将他们拒之门外。因为一旦他们被弄得不知所措，在他们不仅仅是有所察觉而是明确感受到的时候，他们也不敢再次询问。

*

艺术对爱情进行了半加工，给它插上了翅膀，然后又用紧身衣束缚住这些翅膀。艺术时而对它顶礼膜拜，时而对它肆意羞辱，时而将它捧上神坛，时而又将它贬到街角示众，当作对路人的警示。艺术给爱情贴上了上百个荒谬的或崇拜或玷污的标签。至于那些自命不凡的科学家，戴上眼镜后，只对研究其创伤有兴趣。爱情的生理学解释是片面的："它服务于物种的延续。"这太贫乏了。天文学对太阳的了解远不止于它会发光和发热。

因此，爱情通常被视为肮脏和愚蠢的，总是受到怀疑和嘲笑。唯一值得尊敬的属性是在合法的情况下，共同赋予孩子生命后所产生的情感羁绊。

所以,当一个六岁的男孩给一个小女孩半块蛋糕时,我们会笑。当一个女孩因一个男孩和她打招呼而脸红时,我们会笑。当一个男孩偷看女孩的照片被抓住时,我们会笑。当一个女孩急忙去打开前门,让哥哥的导师进来时,我们也会笑。

然而,当他和她单独在一起,玩得过于安静,或者打打闹闹,一起摔倒在地,气喘吁吁时,我们会皱起眉头。如果我们的儿子或女儿的爱慕对象违背了我们的期望,我们会大发雷霆。我们笑是因为它(爱情)遥不可及,我们皱眉是因为它接近了,我们愤怒是因为它打乱了我们的计划。我们用嘲笑和怀疑伤害孩子,对一种没有结果的感情表现出不尊重。

所以他们瞒着我们,偷偷相爱。

他爱她,因为她不像其他女孩那样愚蠢;因为她活泼,不爱吵架,留着长发;因为她失去了父亲;因为她如此甜美。

她爱他,因为他不像其他男孩,他不是小混混;因为他有趣,眼睛闪闪发光;因为他有一个好听的名字,而且非常善良。

他们在翻涌的紧张情绪下隐秘地相爱。

他爱她，因为她像祭坛侧边画像中的天使，因为她纯洁，而他特意去看了一个风尘女子。她爱他，因为他愿意娶她，但有一个条件：他们不能在同一个房间里脱衣服——永远，永远不能。他每年吻她的手两次，有一次他吻了她的嘴。

他们体验了所有爱情的感觉，除了那种粗暴的、充满怀疑的感觉，这种感觉被粗俗地表达出来："与其寻花问柳，还不如……与其为爱情而疯狂，还不如……"

为什么他们要窥探，为什么他们现在要欺负我们？

相爱是错的吗？这甚至不是爱情，只是深深的喜欢。比爱父母还要多吗？也许这正是罪过所在？如果有人为此死去怎么办？但愿不会，至于我，我祈祷每个人都健康安好！

青少年之间的爱情并不是什么新鲜事。有些人在孩提时代就相爱了，有些人在孩提时代就嘲笑爱情。

"她是你的心上人吗？她告诉你了吗？"

而那个男孩，急于证明她不是他的心上人，会故意伸脚把她绊倒，或者用力拉她的头发。

也许，我们从年轻人的头脑中抹去早恋的念头，反而促使他们过早地放纵自己？

写在最后

做真实的自己,走自己的路。在试图了解孩子之前,先学会了解自己。在让孩子明白他们的权利和义务的范围之前,你应该先意识到自己的能力和局限性。你也是一个需要被认知、养育,尤其需要启迪的"孩子"。

之前我们所犯的大的错误之一是将教育学视为儿童的科学。不!它是人的科学。

一个急躁的孩子在愤怒中打了人,一个成年人在愤怒中杀了人。一个性格温和的孩子被骗走了玩具,一个成年人被骗签了借据。一个优柔寡断的孩子用买练习本的钱买了糖果,一个成年人在赌桌上输掉了财产。没有"儿童",只有人,只不过他们的认知与我们不同,经验范围与我们不同,需求与我们不同,情感反应也与我们不同。记住,我们并不了解他们。

你对他有着过多的爱怜,你说:"可是他还不成熟!"什么是成熟?一个人走到什么阶段才算是真正的成熟?一个人做到怎样的事情可以称为成熟?问问一个老人,他会认为一个人四十岁时仍然不成熟。甚至整个社会阶层都因为自身的软弱而显得不成熟。国家需要外国援助,也是因为它们不成熟,没有自卫的力量。

做你自己，并且在孩子们展现出真实自我的时候仔细观察他们。观察，但不要提要求。因为你无法强迫一个活泼、冲动的孩子变得安静、沉着，一个多疑且沉默寡言的孩子变得坦率健谈，一个雄心勃勃且固执己见的孩子变得温柔顺从。

那么你自己呢？

不要强求自己立刻成为一个认真、成熟的教育家，能心里装着心理学的条条框框，脑子里记着教育准则。不要依赖别人的教条和经验，你有一个绝妙的盟友，一个魔术师——时间。